序跋集

南丁 著

河南文艺出版社
·郑州·

图书在版编目(CIP)数据

序跋集/南丁著. —郑州:河南文艺出版社,2016.8
ISBN 978-7-5559-0390-1

Ⅰ.①序… Ⅱ.①南… Ⅲ.①序跋-作品集-中国-当代 Ⅳ.①I267

中国版本图书馆 CIP 数据核字(2016)第 168022 号

出版发行 河南文艺出版社
本社地址 郑州市鑫苑路 18 号 11 栋
邮政编码 450011
售书热线 0371-65379196
承印单位 河南省瑞光印务股份有限公司
经销单位 新华书店
纸张规格 890 毫米×1240 毫米 1/32
印　　张 8
字　　数 136 000
版　　次 2016 年 8 月第 1 版
印　　次 2016 年 8 月第 1 次印刷
定　　价 23.00 元

写在首页

作序，如果认真，是辛苦的事。

认真读，认真想，认真写，都颇费时间与精力。

这是笨办法。 笨人只能用笨办法。 我就是个笨人。

收在这个集子里的数十篇文字，为我数十年间所作，不经意间就也成了我写作的一部分。 可以认真地向读者交代，倒都是认真的文字。

认真，只是态度，并不是文字的标准。

文字的标准是：有意思否，有意味否，有意义否？ 这才是文字的价值所在。

有否？ 自己说了不算，当请读者判断。

2015 年春分

目录

序《乡音》

段荃法同志生长在农村，又曾长期在地、县两级从事农村工作，他熟悉的是农民和做农村工作的干部。他熟悉的人物，便自然地成了他作品中描写的对象。

二十世纪五十年代末期和六十年代中期，他曾有两个短篇小说集相继问世。一是《雪英学炊》（作家出版社），一是《雪路》（百花文艺出版社）。都是反映农村生活的。其中，至今给我留下难忘印象的是《"状元"搬妻》，一个模范饲养员的喜剧故事，颇有韵味，把农民的淳朴、幽默写得淋漓尽致。河南人民出版社的《河南三十年短篇小说选》、上海文艺出版社的《建国以来短篇小说》、人民文学出版社的《短篇小说选》（1949—1979），都选了《"状元"搬妻》这篇佳作，是选得准的。

粉碎"四人帮"以后一个时期，荃法在创作思想上曾有过迷乱和苦恼:还要不要坚持自己走过的创作路子?就是在这种迷乱和苦恼中,他写了《爱》——一个女教师的悲喜剧。也算是一个不错的短篇了。由于他对学校这个生活领域和教师这种人物,并不十分熟悉,我不以为这是他的成功之作。

迷乱和苦恼,很快就过去。他还是写他所熟悉的农村生活。得心应手,四年来,短篇、中篇,时有发表,洋洋二十万言,在河南的作家群中,也算是勤奋的一个了。《乡音》这个中短篇小说集,便是他四年来的创作成果。

在他的作品中,很难找到那种悲悲惨惨凄凄切切戚戚的调子。即使背景是十年内乱时期的《假戏真做》,他也把它处理成了喜剧。肖家岭大队支部书记、劳动模范肖建邦和肖梅父女,把县农科所技术员田有志"揪"去批斗,实则保护,并创造条件使田有志培育出了西单一号玉米良种。农民对愿意为农民服务又有所作为的农业科学技术人员,有着怎样的一片深情厚爱!这种深情厚爱,自然而又朴素。

《夫妻之间》的背景也涉及十年内乱。但他并没有渲染这对夫妻在内乱中的种种不幸。他的着眼点在于通过丈夫要给妻子买表、妻子要给丈夫买书这条情节线,展示农科所技术员宋明轩和大田队工人施瑞芬这对小夫妇之间的恩爱之情。这种恩爱之情,颇能打动人心,也是自然而又朴素的。这使我想起欧·亨利的名篇《麦琪的礼物》中的杰姆和德拉夫妇之间令人心酸的恩爱之情。卖了头发，还要发梳有什么用呢？卖了表，还要表带做什么呢？宋明轩和施瑞芬，书已经有了。“给你买表，又得推迟几个月”了。“几个月”早已过去，瑞芬想已戴上了明轩给她买的称心如意的表了吧。

《一墙之隔》也写情。土岭、巧凤夫妇悉心照护邻居牛套的吃奶孩子二壮，虽然牛套曾经办过对不起他们的事，但他们却有着农民的宽厚。这种友爱之情，在他的笔下，也是自然而朴素的。

接触农村现实生活的故事，有《座谈会的风波》《拉车小记》《回村》《旅伴》《五月鲜》《泡桐树下》《调令》《问路》诸篇。除《调令》外，也多有喜剧色彩。这种色彩并不浓郁，就是那样淡淡的。《泡桐树下》的语言，我较喜欢，我以为这可以代表荃法的语言风格，是农民那种并不外露、比较内涵的诙谐调子。

1981 年春天发表的《开心酒》中，傅运祥这个形象值得注意。他寻开心，恶作剧，是因为寂寞无聊的缘故。这里就提出了一个问题，我们的农村多么需要健康的文化生活！在建设社会主义物质文明的同时，多么需要建设社会主义的精神文明。

中篇小说中，杨老固（《杨老固事略》）这个悲喜剧人物形象，我以为是有时代感和历史感的，是应当予以重视的。

《苦酒》和《苇河风情》，也都是从他熟悉的生活中提炼出来的故事，读来也朴实可亲。

荃法笔下的人物，没有叱咤风云的英雄，也没有十恶不赦的坏蛋。他所写的事件，既不错综复杂，更不惊心动魄。都是日常生活中日常人物的日常故事，可以说尽是凡人小事。他的手法，力戒雕琢，更忌矫饰。他不用重彩、泼墨，多用白描。顺其自然，慢慢道来，倒也娓娓动听。比之某些编造的小说，他的故事更接近于生活，朴素，自然。

我和荃法曾应邀结伴去过几个地方，参加业余作者座谈会。他是言必称孙犁的。孙犁的作品，他熟得很。在现代作家中，他非常尊崇孙犁。

荃法也在追求一种朴实的、淡泊的美。他也不愿意把生活中那些丑的东西展示在读者面前。他总乐于把生活中那些美的事物诉诸笔端。他总是宁肯写带有喜剧色彩的故事，即使故事是发生在苦难的年代。他看世界的眼睛，是含着微笑的。他所追求的，达到了没有呢？或者，还有一段路程？不论这段路程是近是远，对这种锲而不舍的追求，我作为荃法的朋友，一是称赞，二是祝福。

作为朋友，我还想提醒荃法一二。

读了这个集子，也有一种不满足。我在寻找《“状元”搬妻》那种韵味，略微有点失望，那种韵味所存无多了。把那种韵味追寻回来吧。那实在是很耐人咀嚼的。

在一切的美中，朴素是最美的。记得是契诃夫说过大意如此的话吧。我是此话的信奉者。但我又想，朴素与色彩，恐怕也并不是互相排斥的。生活是如此，农村生活也是如此。那么，荃法的作品是否可以多一点儿色彩呢？虽然也不一定要重彩和泼墨。

其实，也就是两句话：多一点儿韵味，多一点儿色彩。如此，作品既是双足踏在褐色的土地上的，又可以展开双翼翱翔在蓝色的天空中了。不知荃法意下如何？

正当年富力强、文思敏捷之时，人们有理由期待荃法的更多更好的作品。我期待着。

1982 年 1 月 12 日深夜

序《活鬼》

宋福旺的寻找，何老十的失落，田火火的闹剧，香雨的思索与改娃的追求，围绕着山根的受挫，小小吉兆村人们的种种表演，无一不打上现实生活的烙印。改革的大潮，冲击着农村的各个角落，改变着农村各色人等的生态和心态，改变着人们的命运。通过对这些改变着的生态和心态的生动描绘，使我们认识到当今变革中的农村生意盎然的图景。宋福旺、何老十、田火火、香雨与改娃、山根，他们从小说里回到生活中，成了我们的朋友。我们关注着朋友们的命运。从这种关注中，我们仿佛也感悟到了一点儿什么，我们好像也想做一点儿什么。

至于活鬼侯七，他一生的命运遭际，自然也逃不脱大时代的制约。小说的结尾，可否看作是一种契机，改革的洪流有可能荡涤掉鬼气，还他以人的本色。

小羊倌儿与羊大王斗羊的精彩纷呈的场面，于写实中写意。后生可畏，羊大王的宝座受到严重的挑战。这种象征意蕴，使人们生发出种种联想。

张一弓的解剖深刻、直入人的心灵，乔典运的咏叹透露着幽默，段荃法的戏谑的不动声色，田中禾的自然淡雅，李克定的凝练，张宇的行云流水，李佩甫的不加掩饰的真诚的焦虑，他们各有各的气质，各有各的武器，各有各的视角，各有各的切入生活的点，各有各的结构艺术，各有各的那一份只属于自己的创作自由。各人是各人自己。我的这几位小说家朋友，不愧为写农村的好手。他们对农村的历史与现状烂熟于心，对农民的观察细致入微，始终关注着农民的命运，与农民声气相通、心灵相贴。

收在这个集子里的七个中短篇小说，的确是1985年这个创作年度，我们的作家奉献给读者的写农村生活的佳作。其中多数篇章早已不胫而走。评论文字迭出，无须我再饶舌。其实，我们写农村的好手，并不止于这几位；1985年度出现的写农村的精彩篇章，也不止于这几篇。只是由于篇幅的原因，在编辑时才不得不忍痛割爱。

我常爱唠叨的一个话题，是我们河南小说创作的优势，以题材论，在于农村；以手法论，在于写实；以距离论，在于贴近跃动着的现实生活进程，与生活同步。这七篇小说是最新的例证。由衷的欢喜之余，不由得又激发出这个唠叨惯了的老话题。革命现实主义不是不灵了，而是我们的某些作品未能展现出现实主义的精神和力量。这几篇，却丰富了现实主义的内涵，显示了现实主义的魅力。现实主义依然是可以信奉的。

承认优势，发扬优势，使之不断进展，并不意味着妄图倡导题材、手法的单一化。的确，我们的多样化的探索还远远不够，这种局面，亟须打破。为人民服务的社会主义文学，这个统一，是要靠多样化去完成的。没有多样化的文学，也就没有社会主义的文学。

中原农民出版社与作家协会河南分会商定，编选了这册七人小说集，使我们又有了本好书。为出版社与分会办了件好事鼓掌。向我的几位小说家朋友呕心沥血的奉献鞠躬。内心还隐隐地有一丝慰藉，竟然没有因为我当前扮演的角色，而束缚了朋友们的创造，为此，就还没有作孽。

是为序。

1986 年

李佩甫和他的小说

李佩甫写小说已经十年。起步时没有什么惊人之笔,在中原这一群年轻的作家当中,并未引人注意。他朴实诚恳,谦逊好学,倒是块做编辑的好材料,就调至《莽原》编辑部工作。一面工作,既要读大量未印成铅字的原稿,又要读大量已印成铅字的中外古今多个流派的作品;一面学习,上电大啃大学中文系的课程,以补偿历史对他的亏欠;一面仍坚持业余小说创作。三面出击,也够苦的了。好在年轻气盛,各方面都还令人称道。

这期间,读到他的《蛐蛐》,与他起步时的虽有真情但总显拘谨的习作相比,就颇有点儿灵气儿,就觉得对这个李佩甫应当另眼相看了。后来,又读到他的《森林》,是在宣泄一种男儿的阳刚之气,分明是他的自我宣泄,那粗犷,也不是用糨糊粘上去的。我就猜想,他要有一点儿大的动作出手。别看他不吭不哈，寡言少语，却有心计，有大志，内秀呢。我注意到他对同辈写作的朋友不卑不亢，学人家的长处，不嚼人家的馍。总会有名堂。《红蚂蚱、绿蚂蚱》，证实了我的猜想，果然出手不凡。这篇三万余字韵致别具的小说，文体学家也说不清楚它的归属，是中篇小说，还是系列短篇小说呢？这好像也不是无关紧要，留给文体学家去研讨吧。十小节，十个人物命运的片断。真切生动地塑造了“住着姥姥的村子”在特定历史时期的整体形象。深沉，凝重。

这也有来由。佩甫与农民一起背过日头，与工人一起开过机器。他懂得生活的艰辛、创造的艰辛。经年累月，生活与创造赐予了他深沉凝重的气质。他的气质给了他的小说深沉凝重的调子。他总是写正剧，好像缺乏幽默感。比如《红蚂蚱、绿蚂蚱》中的《选举》，如此荒诞的事件，闹剧、喜剧，都可大做其文章，他却选择了正剧的写法，全是白描，毫不渲染，这就给读者留下再创造的极大的空白，读来或叫人心眼发酸，或叫人笑得发晕。近乎噱头的廉价的幽默，当然要失之于浅薄，还是不要的好。

与佩甫共事几年，又同住一个大院，个人交往却不多。他偶尔来家坐，却不善谈吐，如同他写小说，极凝练，说完了就走，好像怕耽搁我的时间。有次谈起写小说，他自言自语说自己：“思想不能掉下来。”这句话给我留下极深印象。如今的年轻人，如此说的不多，即使说，也要换一种说法，说一些玄乎得叫人费解的新词。佩甫却还说这种老话，叫我吃惊。《红蚂蚱、绿蚂蚱》之后，又有长篇小说《李氏家族的十七代玄孙》问世，现实与历史交错叠印，纵横捭阖，游刃自如，很有点儿大家子气了。

他近年来家几次小坐，话题是希望能给他时间从事专业创作。说是几年的编辑工作确实给了他许多不可替代的补益，但当前有几个东西想写，按捺不住冲动，需要整块的时间，以后如需要，还可重做编辑工作。话依旧不多，却很执着。想起他在《森林》中宣泄的男儿气，那不是用糨糊粘上去的粗犷，想起《红蚂蚱、绿蚂蚱》和《李氏家族的十七代玄孙》，有些相信他终会成大器，势头又正旺，就觉得延误了这位人才的黄金时间，也是罪过，也就未敢不同意。

从事专业创作后，他第一件事就是冒着寒风回到他插过队的村子里（是“住着姥姥的村子”吗?），去寻找感觉，强化情绪。这种寻找，这种强化，我记忆中，他不时插空进行，他在实践着另一句未说出的老话:“生活不能浮上来。”老话大约也不必一概打倒吧。开放，打开窗读现代主义的作品，闭紧门拒绝涌动的现实生活，总不能算是完整的开放。两个不能，恐怕也不仅是为文之道。

佩甫要出小说集，叫我写序，这大约是一年前的事，于是，便找来小说,一一看过。看过后,就搁置在那里,又忙乎别的事情去。一搁置,就经年。催过几次,我很有些不好意思。最近又说集子早已编好,就等着序一起发稿。我也就愈加歉然。乘着龙年春节假日,胡涂乱抹,冒充序言,未知可否蒙混过关。

1988 年春节

你理当生出更大的蛋

——《真情》序

按时间顺序颠倒排列，从八十年代倒数过去至五十年代，作者所写的报告文学、散文的一个选集，计三十二篇。多数篇章是党的十一届三中全会之后所作。这里有个相当宽阔的断裂层，六十年代和七十年代几乎是个空白。那是被耽搁了的青春年华和壮年岁月。只这一句就够了。无须多说。

从早到晚，我用了整整一天一晚的时间，聚精会神读宋悟民写下的这些文字。对我这样一个老读者来说，一般的文字要想骗我动情已是颇为不易了。但这个集子里的某些篇章，确使我不禁为之动情。这绝不是为了讨好悟民，或是为了慰藉我这位三十多年的老朋友。这没有必要。即使有必要，我也还未学会如此办理。我不夸赞他的文字功夫，也不欣赏他的结构本领，这些都如同他的为人，老老实实，朴朴素素，没有什么奇特之处。

那么，是什么使我动情呢？就是作为一个记者的宋悟民所记录下的生活本身，生活中的实实在在的事件和实实在在的人物。这就不得不感佩他的追寻，他的发现，他的选取。追寻真，发现善，选取美，展示给人们，使人们热爱生活，激发人们为生活作出奉献的热情。这就是悟民这些文字的基调。

只是有基调，干巴巴的也不行，还得有魅力。

《落地生根》中的那位林业技术员、县长候选人刘振乾，《死神，在他面前败退》中的主任工程师赵业安，《真情》中的那个十五岁的见义勇为的小姑娘贺红伟，《老将新篇》和《一步一个脚印》中的领导干部刘大坤、林治开，《一个女地质工作者的自述》中的绰号叫石头的蔡石泉，以及张老艄、女钻探工丁秀、苏联女专家萨柯略娃，等等，都是具有不同魅力的人物，他们吸引你，使你想与之结交为朋友，与之谈心。

事件报告，也有宏伟的篇章。《扭转黄河历史的工程》描述了三门峡水利枢纽工程的地位和作用。当然，这种地位和作用由于当时未知的因素而有若干变化。《豫西有个行云布雨的龙》展示了陆浑水库泽被豫西干旱山区的情景。《东场村传奇》《他这个厉害的角色》则生动地反映了农村变革的景观。我们毕竟在改变着大自然，改变着社会，也改变着人们自己，生活毕竟是在涌动着向前进发。这种涌动和进发，作用于读者的心灵,会产生一种涌动和迸发的效应,会诱使人们也为这种文明进步尽点力量做点事情。

《岳滩情》透露过作者那一大段文字生涯之所以空白的最初消息。《觉醒》则回忆了作者少年时代在家乡枯河岸边的生活和斗争。

我认识悟民,约在五十年代初,不在一个单位,未能共事,交往也不算多,但却感到颇能相知,他眼睛挺大挺亮挺深沉挺诚恳,觉得是位可以相交相知的朋友。如今,三十多年过去,悟民已满头银发,鱼尾纹深深地刻印在眼角,那眼神却依旧光亮诚恳和深沉。我在读他写下的这些文字时,就觉得也在读着我这朋友本人。因此,在阅读时的动情,就也还有另一层意思在。

悟民说,我六十年代初曾给他写信,信中说:“生蛋乎,不生蛋乎,全在你这只鸡了。”说至今他还将信保存着。这是我早已忘记的一件往事。经他提起,就想起了。是啊,那时我们都还年轻。

这些朴实的文字,不也证实着悟民少年时投身革命的初衷未改,不也可以看作是他奉献给党、人民和他追求的神圣的社会主义事业的一片真情吗?

我还以为,积累了一生的生活、思想、感情,晚年得闲暇,正好坐在案头迸发。你那案头,我看见过的,挺静谧嘛。因此,我要对三十年前在信中说的那句话作一句补充:“你理当生出更大的蛋!”

1990 年 3 月

身影在风中屹立

——《风影集》序

悟民兄老了吗?

悟民自己说,《老了》:老了,心未老,尚有/记忆思辨理想情操/老了,决不忘记/贫穷拼搏磨难直腰/老了,也要辨别/真假善恶美丑好孬/老了,更要憧憬/天堂乐园幸福美好。

这首《老了》,写于 1990 年 6 月 1 日,那年他年方六十二,刚刚年过花甲。在儿童节这天,陡然想起:老了。也有意思。

时过四年半,1995 年元旦,有一首《墓志铭》:这里埋葬着冬雪/他伴随着贫穷、战争/攀登、磨难、再攀登/好不容易地度过了一生/秋天没能长出大实硕果/只收获了一些白露清风/而脉管里流淌的血液/始终殷红滚烫,保持了/爹娘生养的"O"型。

《墓志铭》当然是为自己写的。

《墓志铭》暂时还没有派上用场，于是，在 1998 年 11 月 7 日的早晨，又有《七十岁生日》：人活七十古来稀/而今八九也不奇/枪林弹雨命犹在/天堂地狱志不移/宇宙第一未超度/只缘才浅手气低/恬淡知足心似水/丢下竹竿换马骑。

三首诗都是自述进入老年后的心境的。老了吗？不老也。正如他自己所说，老了，心未老。就是说，自然年龄老了，心理年龄未老。是所谓不服老也。这种心境好与不好且不论，反正这就是当前真实的宋悟民。

悟民近年来换笔，开始用电脑写作，熟练地敲击电脑的按键如同迷醉地弹奏钢琴曲。这也是他心未老的一个有力的佐证。真使我羡慕不已。

这册《风影集》就是悟民用电脑敲击出来的，清晰疏朗，甚是好看，换上有色彩的封面，就是外观也好看的诗集了。

诗集分为山水、城乡、游踪、咏叹等五辑，约一百首诗。

我注意到 1944 年 8 月写于筑先师范的《愤世歌》。这首七言长歌，是作者自述其家史的。开头是：可怜祖业一寸土/寸土尽长黄连树。结尾是：可恨苍天不仁道/世人分作穷与富。我猜想这是作者最早的诗作，那年他才是一个十六岁的少年。这首诗表达了少年的愤世之情，证明着萌动在少年心中的朴素的阶级觉悟，也正是少年宋悟民投身民主革命的思想基础。少年宋悟民正是从这里出发,开始了他半个多世纪的革命生涯。

从少年到青年,悟民没有学习到朴素之外的更多的东西,因此,在他将到而立之年时就陷入困境,他遭遇了挫折。这一挫折就将他的壮年岁月全挫折了进去。一个新闻工作者,被剥夺了从事新闻工作的权利,被迫沉默,他心中的痛苦可以想见。二十年,对历史来说只是一瞬间,对一个人的生命来说呢,也是一瞬间吗?那是漫长的难熬岁月。悟民重新获得从事新闻工作的权利时,已到了知天命的年岁。

有意思的是,1957 年 8 月 13 日写于三门峡的《有一只鲭鲨鱼……》,也成为他的罪状。那时候悟民正作为《河南日报》的记者长驻三门峡水库建设工地采访,听报告(当然是党内有相当级别的干部才能听到的报告),听到传达毛主席的讲话说:“现在大批的鱼自己浮到水面上来了,并不要钓。这种鱼不是普通的鱼,大概是鲨鱼吧,具有利牙,喜欢吃人。”悟民据此写了首诗,为配合政治,未曾想到将自己配合了进去,与鲨鱼们为伍去了。如今,悟民在为这首诗所作的注解里说:“……想不到,成了诬蔑运动的罪状,至今还在档案里。”

有两首诗值得注意:一首《喀姆尼斯特》,写于 1961 年 2 月岳滩;另一首《笔,不就是党证吗?——为纪念记者节而作》,写于 1963 年 9 月 1 日马槽,都是写于戴着资产阶级右派分子帽子进行劳动改造的农村。

“喀姆尼斯特”是俄语“共产党员”的音译。这首诗写道：活下去，活下去/保持神圣的尊严/困难，可以吓倒/没有骨气的懦夫/打击，可以摧垮/失去自信的弱者/对于穷人的儿子/经过战争洗礼的八路/只能是/高山低头，河水让路/自己不否定自己/别人休想否定/不论是栽赃陷害/还是莫须有的罪名/好比抹了层黄土/终有一天/会给历史的长河冲走/让日月看到/他，毕竟是喀姆尼斯特！为纪念记者节而作的《笔，不就是党证吗?》写道：莫悲伤，莫心灰/虽然战士当成了活鬼/这尽可以夺去做人的权利/却夺不走心上的笔/笔，不就是党证吗？/曾用它为理想而战/枪林弹雨头不回/曾用它打过日本鬼子/在黄河两岸刺杀过蒋贼/曾用它进行过土地改革/埋葬了封建的旧社会/也曾用它讴歌过新建设/还把上天堂的战鼓擂/火热的语言/浓重的笔墨/怎能哑然无声/色彩减退/尽管挨了一顿棍棒/泼了一头污水/真的当成了假的/战士当成了活鬼/物到极处必自反/路走尽头定回归/举起你的党证/那支长在心上的笔/鞭打假丑恶/颂扬真善美！

读这两首诗，这两首近四十年之前的诗，这两首他戴着资产阶级右派分子帽子在农村里劳动改造时写的诗，我读到了什么呢？我读到了两个字：忠诚。一个共产党人对无产阶级和人民事业的忠诚。是的，正如悟民自己所说，他毕竟是喀姆尼斯特。他从前是这样，现在还是这样。这是由悟民自己所已经度过了的岁月证实了的。

悟民是个记者,偶有小说发表,也写散文,九十年代初曾出版散文集《真情》,我曾奉命作序。很少见他发表诗作。这回居然集起了一百首诗,读后甚感惊喜。这册诗集写作的历时性,几乎穷其一生,都是有感而发的。总的感觉是新古体诗比现代诗略有神韵,这是就诗的艺术欣赏角度而言,这感觉不知可靠不可靠。

这次出版《风影集》,悟民仍命我作序,我仍乐于从命。好在是相交半个世纪的老朋友,说得对了错了轻了重了都没关系,就胡涂乱抹了以上的文字,未知可否冒充作序。

2000 年

序《追逐太阳》

奔走在乡村的大道，徜徉在田野的小径，跨入村镇企业的厂房，走进农家的小院，小院里有花香，有蜜蜂的歌唱。结识一个个朴实的、聪明的、干练的、面对挫折不无苦恼仍活得有滋有味儿、对农村文明进步做出奉献的人，握着他们的手，感受着他们的体温，于是，便看到了那广阔无垠的希望的田野了；于是，便呼吸到了那田野上空飘荡着的清新滋润的空气了；于是，便收获了那预期的赏心悦目的效果了。对于人们的眼睛，看到那广阔无垠的希望的田野，是非常重要的；对于人们的心肺，呼吸到在那田野上空飘荡着的清新滋润的空气，是非常重要的。我预期会收获这份喜悦、这份激动、这份兴奋，因此，十分乐意接受为《追逐太阳》这个集子写序言的任务，这等于给了我一个读当代农村生活的机遇，难得下乡，对这种机遇就尤为珍视。

八十年代中原大地的农民,与以往年代的农民相比,有着不同的特质和不同的命运,这是因为有了 1978 年那个温暖冬天的我们党的十一届三中全会。在三中全会路线的指引下,农民解放了思想,放开了手脚,极大地发挥了聪明才智,靠诚实的劳动和勇敢的开拓,创造着物质文明和精神文明。这个集子所收的篇章,从各个不同的侧面精彩地描述了这种创造的轨迹和图画。是三中全会路线重塑了农民的性格,改变了农民的命运。反过来,农民的创造性的劳动与奉献,又生动地印证了三中全会路线的正确。

这里所说的农民,有新的含义,不是单指传统的面朝黄土背朝天的庄稼人,而是泛指在土地上耕耘从事种植业的人们,从事养殖业的人们,在农村基层工作的党的干部,在农村文化教育战线工作的人们,装扮城市的农民建筑大军,“手摇轮椅走天下”采访残疾人的乡村残疾女孩儿,靠劳动和创造站立起来、成为对人民有益的“南召猿人”的后代,村镇企业的诚恳、精明、有苦恼有欢乐的经理厂长们,“把不是狮子的地方凿掉就行了”的做出美的奉献的乡村工艺大师、农村诗人、农村书法家,等等。说农民也有了新的含义,当然不仅是说只是泛指,只是平面的开拓。其更深层的含义是,这些农民,这个集子里的篇章所描述的人物,确是有了新的性格、新的特质。他们在创造物质文明和精神文明的同时，也在创造着他们自己，他们以自己的创造和奉献证明着他们的价值，证明着他们是一代社会主义新人。他们有着完全崭新的社会主义价值观，他们在谱写社会主义新农村的新的历史篇章。当然，也有坎坷的路程，也有苦恼的时刻。但是，“细流向往大海，小草追逐太阳，纤细的草为了亲吻太阳掀动顽石”，他们终于获得亲吻太阳那种大欢乐了。小草终会钻出石缝繁茂地生长，大约就是因此吧。集子的副题用了《黄河两岸的一百个精灵》，妙极。

《河南农民报》和中原农民出版社推出这个集子，我以为很有意义。其意义在于以这一百个精灵铸造了一个新颖的鲜活的闪耀着希望之光亮的群体形象，这对于读者的眼睛和心肺都是大有益处的。让更多的读者更多的人去追逐太阳吧。其意义还在于推出一批新作者，这些小报告文学的作者大都是名不见经传的，从这个扎实的出发点起步，他们必定会更加扎实地走更远的路。《河南农民报》的副刊叫“春泥”吧，这种不动声色的默默奉献的垦春泥精神，实在令人赞赏，实在应当发扬光大。

1990 年

太阳的孩子

——序《蓝色的宇宙》

见过小溪吗?

山中的小溪,清澈碧透,蜿蜒曲折,潺湲流淌,如泣如诉,如弦如歌,跳跃着,欢唱着,流入江河,然后,谁知道要多久呢?汇入海洋。

"我也是一条小溪。"诗人申爱萍说。你当然是一条小溪。我知道你是一条小溪。你低吟,你高唱,你咏叹人生,你歌唱爱情,你的源头在你那苦难的童年,你永志不忘你的"陌生的父亲",你以你的《红荷》《太阳的孩子》《女人的影子》《我的爱情诗》《失恋的少女》等作证,你是一条小溪。

鲁枢元,可以说是位在新时期重新打开文艺心理学研究领域大门的重要学者之一吧,在深渊与峰巅之间求索,于"生命自我"和"社会自我"之间追寻。如何?比之年少时拉着板车运煤,比之年轻时在军垦农场种田,更吃力些吗?你这条小溪或更曲折蜿蜒些?我们已经听到了你这条小溪的喧响:《创作心理研究》《文艺心理阐释》《超越语言——文学言语学研究》以及《文学心理学教程》。

如今将自己演奏成国际级小提琴王子的薛伟,在世界乐坛是声名大震了。几年前我有幸在河南省文联简陋的会议室里听过他勾魂摄魄的演奏,那次是为了给这位翩翩少年颁奖。如今他得了那么多国际大奖,他总不会忘记那一次家乡人的心意吧,他总不会忘记他的源头在中原吧。

硬笔书法之不受重视的最初情况,我知道一些。因此我就特别饶有兴趣地读硬笔书法家庞中华的故事。庞中华的故事也的确引人入胜,以为可以此为素材写成一部小说。

李浩澎赤脚行医,登上了医科大学的讲坛;赵福治谱写着他的"凝固的音乐";李海泉发明了天球赤道经纬网仪;马文飞潜心于他的卫生科普创作;孙天鹏从一个电影放映员起步跻身于电视剧作家的行列;栗炳珍以肮脏的修脚工作完成着她修脚工的高尚;丁福森、翟庆坤、李炳耀、余进仓、张生活、庞子杰、宋德石、蒋益民、姬书生,有声有色地经营着他们各自的企业。照我看来,他们都是小溪。他们都有他们的歌唱,都是动听的音乐。他们无愧于江河海洋。

这本纪实散文集的前二十篇,记述的多是中原大地上知识界和企业界一些人伴随着苦恼与欢乐的创造与奉献,其时间跨度,又大多是从新时期开始的。我们通常所说的新时期,是指自党的十一届三中全会始。作者通过对这些人物的真实描述,生动地展示了三中全会后的景象。

各有各的生活历程,各有各的人生追求,各有各的事业成就,各有各的独特奉献,确是精彩纷呈。他们在不断地实现着人们经常谈论的人的价值。奉献多少,则价值几何,奉献与价值中间是一个等式。

硬笔书法家庞中华有诗表述奋进者的心迹:天上星星千万颗/总有一颗照耀着我/只要你赐给我一颗星光/会引燃我心中熊熊的火。这本集子里所描述的人物,他们倒都是被各自的星光照耀。仅仅是各自的那一片星光吗? 也不是。他们的心中都还有一个共同的太阳,那太阳就是科学社会主义的信念和共产主义的理想。那么,我是否可以再借用一个意象呢? 那是申爱萍一本诗集的书名:太阳的孩子。他们都是太阳的孩子。

第二十一篇,压卷之作是《命运交响曲》,洋洋数万言,为著名的科普作家高士其立传。在读这篇传记文学时,脑屏幕中常出现一个影像,那是 1979 年冬,全国第四次文代会时,一天晚上,在人民大会堂大厅,电影晚会,开映前,一个老者坐着轮椅被推着入场,左右的人们小声说"高士其",生怕惊扰了这位德高望重的长者。我知道他，在照片上见过他，在文代会的会场上也好像见过他。他就坐在我的右前方，我一边看电影，一边可以通过放映机照射过来的光束的余光看到坐在轮椅上的高士其的背影。那天晚上放映的什么影片记不起了，高士其的影像却依旧清晰。

读了《命运交响曲》，才愈加了解高士其，愈加尊敬这位长者。为了与“小魔王”作战，高士其在大洋彼岸的美国学成为细菌学家。但就在他学习过程中的二十三岁时，即被脑炎病菌袭击，患了脑炎，终生不愈。为了与“大魔王”作战，1937 年卢沟桥事变后不久，他这个行动不便的人奇迹般地由上海奔向了延安。到延安后，他曾有诗：哦，我是一个不能走路的人/不能走路，也来到延安/也要在路旁助威呐喊/赶走日本强盗/还我中华河山！

这是很叫人心灵为之震颤的。

知道他的成百万字的科普著作是如何产生的，就要向高老鞠躬致敬了。

长者已离我们而去。他的一生是为科学社会主义——共产主义奋斗的一生。在这个意义上说，长者高士其，不也是太阳的一个引以为骄傲的孩子吗？

本书作者范文章、郑志强，一位刚达不惑之年，一位则刚过而立之年。我可以称他们为年轻人。他们在一家青年报社担任负责工作。我懂得一点儿办报纸,那是很繁忙紧张的工作。在紧张繁忙的工作之余,奉献出这洋洋洒洒数十万言的集子,也真够他们辛苦的了。没有一点儿执着的劲头儿是难以做到的。在这个集子的某个篇章,他们引用了法国著名科学家罗伊·巴斯德的话:“告诉你我成功的秘诀吧,我唯一的力量就是我的坚持精神。”这话必定也激励过这两位作者。

纪实散文有其独特的要求,首先要求真实。在案头工作之前,有大量的采访工作要做,工作量是很大的。采访也是门大学问,对所采访的对象所从事的职业特点要逐步熟悉,这且不说,更重要的,我以为要有与采访对象的心灵沟通交流的本领,要人家什么话都愿意向你说,什么内心的隐秘都肯于向你倾诉。采访,实际上应当是心灵与心灵的碰撞、沟通与交流。这就要以诚相见,真正与采访对象交朋友,交知心朋友。这是基本功。对人物有了透彻的了解之后,才能坐在案前谋篇布局。既要写出他在做什么,更要写出他如何做。就是说,既要描述他的行为,又要揭示他的心灵。而且,还要根据他的职业特点、他的气质、他的性格,写出独特的氛围来。如此,才像,才会具有吸引力。文章、志强两位有新闻工作的锻炼,又常有优美的散文发表,这就为他们写这本集子做了准备。我读这本集子,感受尚佳。写知识界的一些篇章,是颇有文采的。他们将这么许多美丽的、刚健的灵魂呈现在读者面前,我相信读者们也会像我这个第一读者一样,向作者道一声谢谢的。

1991 年

序《寸心摇摇》

读纪实性文字与读虚构性文字，对于读者来说，其接受心理略有不同。人们要求虚构性文字的真实，是创造的真实，是经过典型化了的真实。人们要求纪实性文字的真实，是生活里实际存在的真实，是原原本本的真实。纪实性文字，对题材可以选择，对题材的处理可以剪裁、组装，但不可以创造，它无此自由。它不能将李四的事说成是张三的，也不能将张三的帽子戴在李四的头上。如果这样，它就违反了纪实文字的规范。

如此，人们在读纪实文字时，就不是在读经过小说家、戏剧家或电影艺术家创造过了的生活，而是在读纪实文学家描述的未经创造过的生活，是在读生活本身。这样，就会自然地滋生某种意义上的亲切感受。如果纪实文学家所描述的人物和事件，又是你所熟悉的、认识的，或是听说过的，这种感受的内容就会丰富得愈加亲切些。

我读杨贵才同志的这些纪实文字,就有此种感受。

或散文,或特写,或报告文学,计二十一篇。从时间说,是十一届三中全会之后改革的进程之中;从空间说,是中原大地。描述的对象涉及企业家、乡村人物、医生、教育工作者、体育健将、修脚女工、党政干部、诗人、作家,相当广泛。贵才遨游于这广阔的天地之间,恐怕得益于他做新闻工作之便。

贵才所描述的这些人物,有的是我熟识的。如民权葡萄酒厂厂长潘好友,算是有过交往。他矮矮的,黑黝黝的,还不到脱发的年岁,头发却脱落了不少,眼睛不大,透露着精明和诚恳。谈吐文雅,一起喝酒时,他浅尝辄止,好像不吸烟。将那个葡萄酒厂经营得如此兴旺发达,赢得了如此高的知名度,真算一条汉子!此书中所写的文学同行们,我当然就更加熟识了。有的是我听说过的,如王氏捏骨正筋疗法的传人们。我们这个大院里有户人家的一位亲戚就慕名远道来求医,是位中年妇女,腰脊弯曲九十度,经这些传人捏骨正筋后,我再见到她时,已是亭亭玉立了。我这则见闻,可作为这篇报告文学的一个旁证。有的是我心向往之的,如《山间,那个小茅庵》所描述的淅川将军寨上那位造林人王更田。我接触过类似的播种绿色的人物,一想到他们心里就感到湿润。读这篇文字,就好像与将军寨上这位老汉神交已久了。

当然,更多的是不熟识的,也未听说过的,读了这些文字,便结识了许多新朋友。这些朋友使我看到了什么?给了我怎样的心灵感应?他们在行动,在创造,在给予,在奉献。我们共和国的大厦,就是靠千千万万普通人的行动、创造、给予、奉献支撑着的。贵才所描述的就是这样的普通人。中牟县大孟乡大韩庄村青年农民韩述忠,是何等的潇洒啊,著名的美国黄瓜蓝甜椒种子的产量,只有他培育的三丰牌“牟农一号”甜椒种子产量的百分之六十。他推广他的种子,使其产生种子效应。免费寄送资料,免费讲学,走访用户,提供特殊服务,使好几万用户和许多村庄因此富裕起来。进而他又自费举办颁奖大会,奖励那些对推广“牟农一号”有贡献的用户,那奖也挺可以的,电视机、收录机什么的,够风光的。学一学韩述忠的创造,如何?学一学韩述忠的潇洒,如何?你不认为这挺有魅力挺有诗意吗?

贵才出过几本书了,记得有诗集什么的,感觉、捕捉、表达,等等,都有锻炼,因此收在这里的文字也都好读,能够引人入胜。当然,这里的各个篇章也有高下之分,用了工夫的和即兴写来的,还是可以区分开来。

顺便说一句,贵才长期做报纸工作,他主持的《河南农民报》“春泥”副刊孜孜不倦地为农村基层作者提供机遇,为新作者队伍的成长和壮大做出贡献,此功不可没。

正值壮年，他自己知道今后的岁月还该做点什么，无须我来饶舌。

1991 年 4 月 26 日

序《晓宇小说》

七十年代末的中国文学艺术工作者第四次代表大会开得辉煌。文学家艺术家文学艺术工作者老的中的青的都觉得风光。那时候,有许多少男少女迷恋文学。一篇小说,一首诗歌,每每引起轰动,细想起来,不少是从这些迷恋文学的少男少女那里反馈来的回响。八十年代初,有些少男少女对文学的迷恋上了一个档次,不甘心仅仅只作为读者,也铺开稿纸爬起格子,参与到文学创作的行列里来。当今有些颇有建树和名气的青年作家,就是那时候开始他们的写作生涯的。那时候青年人对文学的迷恋,就和这时候青年人对流行歌曲对下海对股票的迷恋差不多。董晓宇大概也是那时候“走火入魔”的。不觉已是十数年过去。真是日月如梭。太阳是金梭,月亮是银梭,青春就这样在金梭银梭梭来梭去中梭得差不多要逝去了。那时候是少女董晓宇,如今是妈妈董晓宇了。

最早读晓宇的小说,仿佛是《从昨天到今天》。这个中篇故事并不复杂:一个贫困的炊事员家的自幼失去母亲的长女,被一个小有身份的干部家收养做干女儿,实际上是做保姆,为这家的儿子、一个纨绔子弟所强暴,她的贞操被劫掠后梦想成为这家的人不成,她怀疑这个纨绔子弟与另一女孩相爱,那个女孩成了她仇恨发泄的目标,她毁了那女孩的容貌,她自己坐了牢。

故事够古老的,可它仍然好看,有时还能打动你。这就使人要想一想,这是怎么回事?人类的文明史已有几千年,从刀耕火种到卫星上天,可是,从古代到现代,从昨天到今天,生活仍在不断重复这个故事。老故事反复上演,这就是《从昨天到今天》所要告诉人们的吗?作者的倾诉够苦涩够凝重的,也够无奈的了。

《从昨天到今天》之后,除《锤的歌》等个别篇什外,晓宇的小说基本上舍弃了情节结构,走向散文化,比较注意捕捉情绪、展示心态。值得注意的有《北京羁旅》《最初记忆》《平淡岁月》等篇什。《北京羁旅》纵横捭阖操作熟练;《最初记忆》通过他、她、甲、乙、丙交叉自述的童年记忆,写意了一个特殊年代的图景,能唤起人们的许多联想;《平淡岁月》里小钉子的写稿烧稿,其痴迷使人惊愕不已。

小小说也有写得精彩的,《瘸马》《星期六的早晨》,颇可玩味。

不说晓宇的小说创作已取得如何如何的成就。这种话说起来乏味。她的小说量也不多,这是因为她是在从事编辑工作之余写作,不可对她作此种的苛求。生活阅历局限着她,她的小说视野所及相对狭窄,她已开掘的领域,似也还可再往深处进展。

我看重的是晓宇对文学的迷恋。我相信这迷恋是真诚的。你爱文学,文学爱你。文学当会相应回报。

1993 年 11 月 26 日

与乡土结下终生之恋

——序《兰建堂曲艺作品选集》

兰建堂来信,要我为他的曲艺作品选集作序。想了想,倒真有些话想说。

建堂 1941 年出生于曲艺之乡南阳县,1956 年高小毕业回乡参加农业生产,1957 年发表处女作《接大妈》,至今已发表曲艺作品二百余万字。早在 1964 年,上海文化出版社即出版过他的曲艺作品选集《夺算盘》。六十年代时,他的曲艺段子《女货郎》《喜相逢》《两相宜》等,为曲艺团队广为传唱。新时期以来,他的坠子书《请厨师》《庄稼筋飞车抢财神》在河南省获奖,三弦书《王铁嘴卖针》获全国新曲目比赛创作奖。河南人民广播电台举办过《兰建堂曲艺作品选播》专题。他的《女货郎》被收入《中国新文艺大系・曲艺卷》。他的名字被收入《中国当代文艺家名人录》。建堂确是一位卓有成就颇具影响的曲艺作家。

他的创作当然也经历过曲折。“文化大革命”中他被造反的人们列入另册。七十年代初他重新执笔创作发表作品时，又被指责为写中间人物搞文艺黑线回潮。他在这些曲折中，锻炼得思想更加深沉，感情愈益丰富，视野更加开阔，艺术日益成熟。新时期以来，他的创作从早期的“媳妇婆婆、针线笸箩”的框子中解放出来，在较为广阔的天地里驰骋，一发而不可收。

与建堂同在南阳县的散文作家周同宾有篇文章说，建堂与曲艺创作结下了终生之恋。同宾此话说得好极。我略作阐释，考察建堂曲艺创作的题材主题感情思想后会发现，他是与他的乡土他的父老乡亲结下了终生之恋，曲艺创作只是他的这种恋情的表达方式和服务手段。

这种表现与服务当然并不简单。说唱文学，顾名思义，是能说唱的文学，说唱艺人能朗朗上口能说能唱，能使乡村集镇的各类听众入耳入心，能成半日成半夜地吸引住他们如醉如痴地坐在并不舒服的板凳上惬意地动情地听，这就要真本领真功夫，自有其说唱文学本身的艺术规律在。

写到这里，定格在我记忆里的两个镜头不由得浮现出来。

其一，三十年前的夏天，我在大别山区采访，那个夜晚住在新县箭河公社塔尔岗村，安置我休息的屋子临村街，高大凉爽，不用到户外乘凉了。我用凉水擦洗掉疲累，就着煤油灯翻了会儿过期的报纸，就钻到帐子里去睡。村街上静悄悄的，说不清是我睡了一觉醒来听到了那琴声和说唱声，还是那琴声和说唱声将我唤醒。有微弱的光从糊窗纸透进屋里来，就也忍不住去村街上看热闹。几十号人坐着自带的小靠椅、小板凳，凝神静听那艺人的说唱。那艺人面前有张桌子，桌子上点着一盏灯，还有个茶瓶，一个茶缸，茶缸里的茶在冒着热气。是个失明艺人。这个失明艺人全神贯注地自拉自唱，琴声悠扬，说唱铿锵。这情景记得清晰，说唱的什么段子倒记不真切了，仿佛是《包公》或是《杨家将》。

其二，二十一年前的春天，我在伏牛山区西峡县蛇尾公社小水大队下营村插队落户期间，县里要我帮他们搞一个反映八点七五毫米小电影在西峡山区普及情况的幻灯片脚本。这样，我就有机会与县电影队的同志们一起将西峡山区转了个够，于是就写出那脚本《踏遍青山——8.75 在西峡》，还写了两首插曲的歌词。有一个夜晚，我们正为忙活着这个《踏遍青山》，从一个公社赶到另一个公社去，在路途中看到长长的一行火把在河的那边的山路上移动，然后又是一行长长的火把在相随着前行，黑夜里这移动前行的火把队伍甚是壮观动人。同行的电影队的同志告诉我，那是人们去看电影。

从文学的角度看，这两个镜头都有诗意。从职业的角度看，这两个镜头使我深切地感知到农民对精神文化生活的渴求。面对农民的这种渴求，我们这些被称为提供精神食粮的人做得如何呢？这问题不时在灼痛着我。

1990年春天的时候，那时候我还在做着河南省文联的主席和党组书记，曾率省文联的几位同志在南阳地区考察文学艺术创作的情况，在南阳县时和县委同志一起座谈，县委的同志不无骄傲地谈到他们南阳县的作家兰建堂、周同宾、李克定诸位的创作贴近农民生活反映农民苦乐为农民喜闻乐见，学着走的是赵树理的道路。我当即表示赞赏南阳县委的同志对他们的作家的这番评说。我知道是那两个定格在我记忆里的镜头在支撑着我的赞赏。

在《兰建堂曲艺作品选集》出版之际，我十分愿意重复1990年春天在南阳县委座谈时我的赞赏。这是因为，在如今一片港台歌声到处卡拉OK的情景中，《兰建堂曲艺作品选集》的出版，有其特别的意义。

1993年

“颍河作家丛书”总序

颍河当然是条河，那河里有丰沛的水，就有了两岸的村庄城镇农田树林，和那万物之精灵——人。人聪明得很，总是要临水而居的。

太阳当然也照耀到颍河，颍河翻滚着的波浪就变成灿烂的金黄的颜色。月亮出来，那波浪就是银色的了。

阳光照耀，颍河滋润，这广袤的大平原上就生长庄稼生长树木生长楼房生长烟囱。其实，这全是在太阳照耀下和滋润中那繁衍不息一代一代的颍河人创造的。

我孤陋寡闻，只知道那里生长的黄花菜著称于世。近年来，又有了名扬四海的莲花牌味精。黄花菜和莲花牌味精都品尝过，的确是味道好极了。还生长了座神秘的太昊陵，可惜至今还无缘见它。我对颍河的记忆，是在二十多年前见到的镇河铁牛，那铁牛沉默着严肃地凝视着颍河，甚是了得。还有十年前偕张有德、李佩甫二君去颍河平原琢磨那里生长出的思想，感受到了大平原上初春的风的清冽中的热切。

也生长人物，比如袁世凯，就是个大人物。当过总统当过皇帝，还不是大人物吗？虽然那时间极其短暂。唾骂他这个将历史拉向倒退的人吧。竟值得世代唾骂，这就证实了他确是个叫人难以忘却的人物。还生长过假药，这事件闹腾得喧喧嚷嚷，也是全国闻名。真是树林子大了，什么鸟儿都有。

真善美假恶丑都生长，这就有了故事，这就是历史，这就是世界了。

有人将此编撰为小说，有人写成散文，有人抒发为诗歌，有人写成报告文学，也就有了评论。这就是文学了。原来颍河平原也是生长文学的。这是带有鱼腥味道和水草气息的文学。

于是就顺理成章地生长出这套“颍河作家丛书”来。这个阵势中写小说的挺红火热闹的孙氏兄弟方友、墨白，写诗的梁辛，搞评论的李少咏，是熟识的，其他各位朋友则暂未谋面。第一辑即推出十二本，也够浩荡。我当然知道，这只是他们阵势中的一部分，这只是他们作品中的一部分。

搞文学的企求什么呢？自己的作品，如能像颍河波浪中的一滴滋润过了什么，如能像颍河平原上春风中的一缕吹拂过了什么，也就得到欣喜和安慰了吧。

倒真的不必夹着尾巴作文。说不定也有人会弄出更大的气候来，走向不朽，与永恒奔流不息的颍河共存。那就让颍河作证吧。

这篇充当序的文字，是否不着边际？那也没有办法，它是我心中生长出来的。

1993年11月29日凌晨

老百姓自己的故事

——序《金三角夜话》

强建才说的是老百姓自己的故事。

强建才说的老百姓的故事很苦涩。

陈年这个写字匠在那个困难年代比孔乙己还孔乙己地潦倒；耀老汉遵从祖训一心培育儿子读书成才所遭遇的不公道以及他对这不公道的无力的愤懑；民办教师刘光在淘金潮中的心路历程以及在实际操作中突然咽气，作为教唆者的他的老婆到主那里去寻求灵魂安宁的无奈；秋菊的凄惨爱情；苍凉的卖豆腐老汉盼叔向懒汉刘五讲的关于黑蛋的苍凉故事；理发匠人王贵淋漓尽致表演的拍马屁丑剧；王虎被淘金潮激起的愚蠢的疯狂；为妻子的工作调动这个无名姓的他去给局长送礼时的瞬间尴尬；村民王二的叫男人和女人都反胃的怯懦猥琐低三下四的卑贱；刘力发财弃妻时的无情寡义、破产寻妻时的愧悔交加，等等。这里没有壮烈情怀,没有激扬文字,没有花红树绿,没有山青天蓝。有的只是庸常生活庸常心理卑俗情感。只有这些灰色的色块,这些灰色色块只能给人以苦涩的印象。灰色色块苦涩印象当然不能给人以愉快的感受。“难道我们的生活就是这样的吗?”虽不愉快,你还不能提出如此的问题去责问作者。强建才所讲述的这些生活故事的确是一种存在,一种生存状态,是一些人的实实在在的生活。作者将这种存在诉诸社会,意在引起疗救的注意呢,还是不吐不快在诉说他自己的忧虑与感伤呢?

且不说社会主义精神文明。贫贱不能移、富贵不能淫、威武不能屈这些老祖宗的传统美德尚且守不住,庸常卑俗的人们啊,将何以对祖先?对这种灰色色块,不能回避,不能视而不见,不能逃离,不能抹杀,而只能面对它的存在,这就恰恰印证了以高尚的精神塑造人、不断提高人的素质是何等重要的任务,要经过怎样不懈的努力啊。

英雄的时代果真结束了吗?生活中不断涌现的英雄不断地给这问题以响亮的回答。不只是庸常卑俗,英雄尚在人间。赤橙黄绿青蓝紫,大自然的色调是丰富多彩斑驳复杂的,社会生活也是如此。以为我们的生活里只是灰色色块,这是一种色盲症。凡是睁开两眼看世界的人,都会看到另外的颜色。强建才是睁着两眼的,他看到了另外的颜色。也是处处有芳草。他描述了一个历经磨难坎坷的乡村女人柳枝将金佛献给国家的无私行为;他描述了一个退休干部荣老头临终前将节衣缩食节省下来的五百元钱捐献给国家以支持申办奥运的拳拳之心;他描述了一个挨过饿如今发了财的乡村青年富贵想办一个乞丐饭店的愿望,等等。他所描述的这几个人物,虽称不上是什么英雄,但他们的行为和愿望却是美好的,甚至是高尚的,是与灰色迥然不同的另一种色调。这种色调会唤起人们一种大的愿望,想去追寻生命中那种叫作意义的神圣东西。至于效果如何当然取决于艺术魅力如何。另当别论。

这本集子里的小说,据作者自己说处女作为《富老头》,这是十多年前的习作,的确表明了作者艺术上的稚嫩。人人都是从穿开裆裤过来的,不可嘲笑童年。《啊,母亲》等篇,反映了作者艺术上日渐练达的进程,这些小说状物写人布局谋篇操作熟练运用自如。我猜想如果作者如今再来处理《富老头》这样的题材,就可能不再写正剧或者会写成如《王贵轶事》这样的喜剧,阅读效果就会两样了。

结构也有拖沓的,《阴差阳错》写村民王二的怯懦窝囊卑贱确是精彩,又冒出了个王二的女儿与王二向之卑躬屈膝的刘金晚的儿子原是私订终身的情人这一结尾,就显得突兀和多余。该打住时须打住。不打住就变成了个一般的离奇故事,反而冲淡了成功的精彩的性格刻画。《菜篮》里的退休干部荣老头临终前的捐献显得突兀。《金佛梦》偏重故事的传奇性，对柳枝的献金佛少了必要的令人信服的心理铺垫。《沙丘》中退休干部郑连中——傅连中的转变缺少过渡。这后三者怕不仅是谋篇布局的结构问题，恐是作者对所要表现的人物没有吃透、认识没有到位。这当然会影响到作品的艺术效果。

小说是语言构筑起来的。一般说，作者的叙述语言、人物语言能相当生动地传达情境表达心境，特别注意了运用群众语言，既有地域色彩又不生僻难懂，是相当成功的。例证可以举出许多，那就要占去许多篇幅，且省略了。也有败笔，如《拜头香》中卖豆腐老汉盼叔向懒汉刘五讲故事，一不小心冒出来："心中编好了许多渴望的梦，精神也有了坚实的依托……一颗心都荡漾出来了。"这样的语言显然不是卖豆腐老汉的。语言与角色的错位，就产生叫人啼笑皆非的荒诞。

作者的家乡灵宝我去过，小秦岭的余脉，为河南省最西面的一个县，如今改为市了，与陕西省交界，北靠黄河，黄土肥沃，盛产棉花苹果枣，老子路过的函谷关就在县境。人杰地灵，物华天宝。六十年代中期曾在灵宝一个靠着黄河的村庄看过县眉户剧团演出的《小二黑结婚》，如今想起来那眉户调还仿佛依旧萦绕在耳旁心间，依旧使人迷醉不已。我就希望强建才的小说里也多一点眉户调那种迷醉人的韵味和力量。九十年代初去灵宝看过几处金矿，印证了听说过的遍地是黄金以及淘金潮中的种种故事的传言。就觉得强建才的小说应当更加丰富多彩复杂。他的两三篇小说触及淘金潮中的某些侧面,但就已出现的一两个在淘金潮中暴发的人物看,还显得平面简单,作者的笔锋还未深入到人物的精神和心理更深的层面上。又有眉户调样的叫人迷醉的韵味,又有强建才称之为金三角的热闹喧嚣,想来那小说就会更加好看了。

强建才曾来家中小坐,叙谈中我注意倾听和观察他,觉得这个从金三角来的黑瘦的操着浓重乡音的年轻人在文学中“淘金”的精神是很执着的。这在文学受到冷落的如今,这年轻人又处在繁华的金三角,却仍迷恋于爬格子的事业,实在是难能可贵。且等着看他更加好看的小说。

1994 年

《中国当代小小说精品库》序

中国的小小说源远流长。唐人小说、宋元话本、明清笔记都留下精彩篇章。及至《聊斋志异》,更是脍炙人口。

外国的小小说也不乏精品。在少年时读过的《最后一课》,我至今仍存留着深刻印象。

现代中国,大师鲁迅的《一件小事》《孔乙己》等,皆可列入小小说之经典。

在当代中国,小小说创作之逐渐成为气候,则是二十世纪八十年代中期以来的一种文学景观。

说小小说创作成了气候,成为景观,有如下情形可以作证:

各文学期刊各日报晚报专业报副刊多有发表小小说微型小说一分钟小说精短小说者,有的报刊还辟有小小说专栏,定期举办小小说评奖;

有专发小小说创作的文学月刊,如《百花园》;

《小小说选刊》应运而生,推波助澜,有力地促进了小小说创作的发展繁荣;

不少在当代文坛活跃的著名小说家,也不时有精彩的小小说问世;

已经形成一支专事小小说创作的作家队伍,有小小说集陆续出版,受到读者欢迎;

有更多的文学新人参与到小小说创作的行列里来;

小小说日益为读者所喜爱,以《小小说选刊》为例,1996 年初的月发行量已达到五十万册,这在当前纯文学刊物的发行量中实属罕见;小小说作家和评论家的学术性组织相继成立,小小说创作的学术性研讨会相继召开,对小小说的批评研究理论观照,正在追赶创作繁荣的态势,不断深入展开。

如此等等。

这种气候这种景观,标志着小小说昂首阔步地加入到小说家族里来了,与长篇小说中篇小说短篇小说理所当然地相聚在同一家族里了。小说家族欢迎小小说的加入。如此,当代中国的小说家族就显得更加多样更加健壮和更加年轻。

小小说创作为什么在二十世纪八十年代中期以来,得到长足的发展与空前的繁荣?这与当代中国全面改革日益深入、生活节奏日益加快有关,与当代人更加多样的审美需求有关。时代使然。

小小说不是小儿科。小小说对作家在艺术上的聚焦、穿透、凝练,有更加严格的要求。小小说是一滴水的艺术,自有其自身的艺术规律。

如前所述,小小说创作成了气候成为景观,《中国当代小小说精品库》(春、夏、秋、冬四卷)的出版,就是水到渠成之事,就是顺理成章之举。

四卷。四百八十余篇作品及三十多篇创作谈。百万言。壮哉!

这一百二十位作家的四百余篇小小说,是从《小小说选刊》十数年来所选发的四千余篇小小说中精选编就的。大约可以展示当代中国小小说创作的倜傥风流了吧,大约可以领略当代中国小说家族中这个年轻成员的精气神了吧。

我说过,人们对文学的需求,不仅需要长篇巨制,不仅需要那“好大一棵树”,也需要小花小草,需要小花小草织成的一片片绿地。小小说创作原来是营造绿地的事业。可敬可佩。

且看这花团锦簇草色青青的片片绿地。感受如何?

《小小说选刊》的杨晓敏先生和郭昕女士,是我国新时期小小说领域里的编辑家和耕耘者,长期以来,为倡导和规范小小说文体,组织和扶持小小说作家队伍,寻找和培养小小说读者群,作出了积极的努力。这次,他们二位与新华出版社的黄绪国先生携手合作，推出《中国当代小小说精品库》四卷本，实乃一项有远见有魄力的壮举。窃以为是世纪之交的中国文坛的一大盛事。可喜可贺。

1996 年

回望乔典运

乔典运的文学生涯开始于二十世纪五十年代中期。

读过简易师范学校的年轻复员军人,从战场上回到生养他的那片土地,又从那片土地出发,试探着以四句新民歌擂响文学之门。那文学之门竟为他打开了。这使他深为感动,就继续在这条路上前行:新民歌,寓言,生活故事,然后是短篇小说、中篇小说和长篇小说。在开头的岁月里,路走得好像还顺利。

1957 年,乔典运应约到《奔流》编辑部写稿,与他一起在《奔流》编辑部写稿的有与他同在一个地区的农民作者李文元。李文元比乔典运出道要早,那时已小有名气。典运对文元有着钦羡之情。有着这样好的同在一室写作的机遇,他必定是要借此潜心向他学一点儿东西的。

乔典运从李文元那里学到了东西。

李文元写的小说,《奔流》编辑部颇为欣赏,当即以重头稿推出。1957 年那场政治风暴来得迅猛,李文元的这篇小说即以揭露阴暗面、歪曲社会主义的现实生活等罪名被批判为毒草。作者李文元当然也因此遭受厄运。典运暗自庆幸自己的小说与文元的迥然不同,典运从文元那里懂得了写作不但可以收获名声和稿酬,也可以收获批判和厄运。这原本不是典运想从文元那里学到的东西,但他的的确确切切实实地学到了。此后,典运在写作中思想上就设了一道防线。这对典运在一个时期的文学写作,不知是幸还是不幸?

躲过了初一,躲不过十五。乔典运终未能逃脱命运对他的安排。1964 年,典运发表了一篇小说《石家新史》,是写中间人物的转变的,正好赶上批"中间人物论",这篇小说就在劫难逃地受到了批判。典运因写作而收获了批判,不知触及了他的灵魂没有?

接着是 1966 年开始的延续十年之久的史无前例的"文化大革命",典运就不仅被触及了灵魂,也常被触及皮肉。罪名是地主阶级的孝子贤孙、文艺黑线的黑走卒,等等。欲加之罪,何患无辞?谁叫你如此执着于文学写作呢?你如此执着于文学写作还不是文艺黑线的黑走卒吗?这一段岁月对典运有着切切实实的折腾,就将典运折腾成了一个切切实实的草木之人。典运常说:"咱是个草木之人。"几乎成了他的口头禅。我不以为这是他的自谦之词。这个“草木之人”的内涵丰富得很，对他对人生的认识对他的文学创作，也即是说对他的为人为文，都产生了深刻的影响。

这里引一段典运自己说过的话，这段话是他写在《我的小井》里的：

> 三十多年来，我一直在一个小村子里生活，与群众同欢乐共患难。多数时间里，我处于生活的最底层，比当时的四类分子的处境还要差得多。因为他们是死老虎，打不打他们无关紧要，我却是一只半死不活、时死时活的老虎，理所当然我成为打的重点。我常说，全大队的四类分子应该感谢我，因为我承包了全大队的一切打击，才使他们得以幸免。这种生活对我来说，除了痛苦的一面，也有幸运的一面，这就是赐给我一个真正深入生活的良好机会。当人们全不把我当成一个人时，当人们认为我不能对他们有丝毫的不利影响时，他们竟然当着我的面商量如何盗窃集体，商量如何炮治某个人，甚至当着我的面研究如何往死处整我。当然，还有更多的好人，他们也常常当着我的面商量如何玩弄上级，对付错误的命令和瞎指挥，商量如何破坏一个斗争会。好人和坏人都不背我，把我当成了没有知觉的一块石头或一棵小草。善良和野蛮，愚昧和聪明，

> 愤怒和欢乐，失望和希望，这一切都赤裸裸地展示在我面前。不幸的遭遇给了我幸，这幸就是使我有机会认识了活生生的社会，认识了活生生的人。虽然，有很多年我被剥夺了一切权利，没有读过一本纸印的书，但却天天在读无字的书。当然，我认识到的只是一个小小的山村，比起轰轰烈烈的大社会是微不足道的，但这对我的创作来说，却是一口汲之不完的小井。

典运自己将生活赐予他的这段折腾，以及这段折腾对他的创作的影响，说得再明白不过了。

1997 年 2 月 13 日的晚上，杨贵才打电话来说，河南文艺出版社拟出版一本乔典运自选集，要我作序。我当然知道典运两年多来一直为癌症所折磨，经四次手术，每况愈下，现仍在西峡县医院住院治疗。就问，典运近况怎样？贵才说，听说已下了病危通知。我问，你与西峡联系了？贵才说，听南阳日报的周熠说的。我沉默不语。贵才又在电话的那头说，你对典运的作品熟悉，是否就可着手动笔？我说，我对作序事一向认真，还是待集子编好，我看后再写。

2 月 14 日上午，九点钟刚过吧，我正在书房里，接到河南省作家协会秘书长王秀芳的电话，说是接到西峡王桂芳的电话，典运刚刚去世。我就愣怔在那里。2 月 14 日，这一天正是河南省第八届人民代表大会第五次会议报到的日子，我遗憾地未能去西峡看典运最后一眼。

随后不久，典运在西峡县委宣传部工作的儿子乔琰以特快专递寄来他父亲的三十五篇小说的复印件，有短篇，也有中篇。乔琰在信中说，听王秀芳和杨贵才说，要出版一本他父亲的小说选集，由我作序，按杨贵才的交代，特将稿件直接寄给我。并说，这次寄去的稿件其中有些未收入过集子，希望能在这次收入选集中。典运在西峡县人大常委会工作的学生王桂芳也来信，表述了与乔琰相同的意思。

典运已远行，自选集这个设想已不可能实施了。如果让典运自选，他自选的思路是什么，他会自选哪些作品，只能靠猜想了。

我曾经想，这本选集一是应当代表典运的艺术水平，二是要反映典运的创作历程。就是带着这种想法，进入对典运的阅读。典运的许多作品我都是看过的，确切地说是再阅读。

在阅读过程中，我又想我只是高兴地受委托作序。当然，由于一夜之间典运的猝然去世，这种心情就陡然转换为追思和哀伤了。编选这本选集应当是出版社的事情，按照程序，应当是出版社编定后，我再来作序。就此事我与河南文艺出版社社长杨贵才联系。贵才说，出版社的编辑对典运的作品不如我熟，编选也由我定，我就感到责任重大。与典运的生前好友、

《莽原》主编张宇，副编审张颖，以及河南省作家协会秘书长王秀芳等商量，又与杨贵才和这个集子的责任编辑杨吉哲商量，大家的意见都倾向于编选典运的代表作为好。我在阅读过程中，也逐步动摇了反映典运的创作历程这个想法，逐步趋同于诸位的意见。典运的儿子和学生的意见是可以理解的。这理解只好先暂存在这里。

典运创作的华彩乐段是从七十年代末八十年代初以后开始的。如同井喷，这可以说是他创作的一个井喷期。《旋风》《气球》《笑语满场》《村魂》《满票》《无字碑》《冷惊》《乡醉》《刘王庄》《问天》，等等，佳作迭出，好戏连台，目不暇接，一出手就令人惊叹。

最早令我惊叹不已的是《气球》。某生产大队金副主任绰号火眼左三，不知二十四节气为何物，却能记住全村上千人的大小问题，对那些所谓大小问题甚至能够倒背如流。围绕着一个气象气球降在村里这个偶发事件展开，无知的火眼左三坚持认为这是一颗定时炸弹，搞得沸沸扬扬，直至请来驻军的技师来检查认定是只废弃的气象气球后，火眼左三仍坚持己见，认为该技师立场不稳，就给驻军首长写去告状信，信发出后就等着驻军请他去做揭发有功的报告，还让妻子给他做了身新衣服以便做报告时穿。还见人就说："唉，真熬煎人！我啥也不怕，就怕请我去做报告！有啥好讲啊，我只是做了一点点分内的事。你想想，几千双手鼓起掌那个响劲，真叫人难为情啊……”火眼左三就这样天天说着，等着，等着。真有典运的，他不动声色地将这个运动迷整人狂刻画得入骨三分，读来叫人感觉可恶可恨可怜可笑可叹。

《气球》震撼了我一下。就是从《气球》开始，我对典运刮目相看。比起他此前的作品，我感知到了一种质的变化。他将他的笔直插进人的灵魂的底里，这是一种穿透力，尖锐锋利。结构凝聚清晰，语言明白流畅，诱发读者丰富的想象，都可圈可点。

为典运赢得广泛声誉的是《村魂》和《满票》。

《村魂》在第七届全国短篇小说评奖中入围，但未当选。该届评委王愿坚有事到郑州来，他惋惜地告诉我，《村魂》只差一票而落选。

《满票》在第八届全国短篇小说获奖的十九篇作品中，按得票多少顺序排在第三位。我是该届评委会委员。承办评奖的《小说选刊》组织评委们对获奖小说写了一批评论文章，我写了篇《小议〈满票〉》，发表在《小说选刊》1988 年第七期《获奖短篇小说漫评(一)》这个专栏里。典运看到这篇评论后由西峡来信，表示了他颇为高兴且很欣赏的心情，以为我能读懂他的小说。关于《满票》，还可以说几句。大约是 1985 年吧，《满票》将要在《奔流》发稿前的某天，在河南省作家协会办公室里碰见了典运，典运向我说，他听张宇说，编辑将《满票》删去了约两千字，他希望我能说句话。张宇是消息灵通人士，这消息想必可靠。作协办公室在二楼，《奔流》编辑部在一楼。我随即拿起电话要通《奔流》编辑部，说不要删典运的稿子，恢复原样。那时我正在河南省文联管事，说这话还可以算数。《满票》获奖，典运见了我就说些感谢的话，说要不是我说了句话保持了《满票》的完整，《小说选刊》不会选载，更不用说获奖了。我没有看过那删节的稿子，不知道删节得有否道理，就信了典运的话。

关于《村魂》与《满票》，典运自己写过一篇文章《别了，昨天》，感情十分真挚沉重，见解非常精辟独到。他在文中分析了张老七、何老十这两个真诚的愚昧者的悲剧。他认为愚昧者的真诚是可怕的。他写道："当我写到历史对他们的决定时，我的心酸了，眼湿了……当然，我也松了一口气，他们作为农民的领头羊，终于走完了自己的路，人民不再被他们领到那寸草不生的秃岗上了……""迎接新的生活是欢乐的，告别旧生活也是欢乐的。""别了，昨天！别了，我的可怜的朋友，让我们永远不要再见。"

实际上，告别昨天并不是那样轻易简单。除了典运笔下的张老七、何老十这样的真诚的愚昧者，还有也是典运笔下的旋风（《旋风》）、火眼左三（《气球》）这样的唯恐天下不乱的整人狂运动迷，还有也是典运笔下的何老五(《笑语满场》)、三爷(《问天》)这样在民主选举中茫然无所适从不知该投谁的票怕投错了挨整者，我们每每还会在现实生活的许多领域见到他们，他们不仅仅是典运的伏牛山里的那些小山村的，也是社会生活的许多领域里的，这就使典运笔下的这些人物既是富有个性的又带有普遍意义；既是具象的，又是抽象的。这是些精神上有病、人格不健全的人。正如典运所说："他们的缺点和失误绝不是天生的，不是他们内心滋生的，而是历史造就的，是历史把他们歪曲了。"向现代化转移，人们要带着多么沉重的精神负担啊，人的精神的现代化，是一个艰难的历程。

我在九年前所写《小议〈满票〉》的结尾说："小说的语言是大白话，好像没有多少曲里拐弯的'文学性'，不识字的农民大约多数可以听得懂。结构，单线平涂，貌似平实，平实中藏着机巧。内涵、外延，都能提供比故事本身丰富得多的东西。这就是乔典运的艺术。"如今，对典运的小说，我大体仍作如是观，可以再作一点补充：不可以将典运的小说仅仅视为乡土文学，因为它既是乡土的，又是超越乡土的。他以他的小山村为载体，反映了这个大时代。这是典运对当代文学的贡献。

典运去世后，我写过一篇纪念短文《永远的老乔》。在短文中我说了典运的两个不能分离。他和他的土地不能分离，他和他的小说不能分离。这才造就了小说家乔典运。在那篇短文中我还说，典运满腹皆小说，文思如泉涌，以他对人生的独特体验，对人世认识的洞悉与穿透，正要有更加绝妙的大作巨著奉献于世，癌症却夺去了他六十六岁的生命，夺去了他手中的冷峻如冰热情似火的笔。人们只能徒唤奈何。

我以为，典运已经留下的小说，将长久地活在读者的心间。

1997 年 4 月 20 日

（此文系为《乔典运小说自选集》作的序言）

序《春歌秋唱》

春歌秋唱。我先是琢磨这个书名。这个书名挺有意味，挺耐琢磨。翻看了全部诗稿，将诗稿合起，就又看到了这个书名：春歌秋唱。

是春天的歌秋天唱？还是春天也唱歌秋天也唱歌，从春天唱到秋天呢？翻看了全部诗稿，就明白了，这部诗集，写作的时间跨越了半个世纪，作者是从少年唱到老年，从春天唱到秋天。

与李蔚认识是在五十年代初。知道他曾在艺术学校学过美术专业，不时有木刻作品发表。也写诗。有一首诗是写理发的：进去时是一头荒草/出来时是一只俊鸟。曾在当时的文学圈子里传为佳句。直至今日，当年的许多朋友还记得这两句诗。我也记得。一首诗，哪怕只是一首诗中的两句，能让人们记得如此长久，也不容易。

一头荒草也好，一只俊鸟也好，反正李蔚消失了，消失得也够长久。关于此，作者在后记中已述及，我这里就不再说。

八十年代初，李蔚来河南省文联工作，就有共事的机会，知道了他多年来的命运遭际，知道他写过剧本搞过杂技等许多行当，当然也还在写诗，可谓多才多艺。

这本诗集，据说是他的第四本诗集。前三本诗集他都曾赠给我。我要老实承认，对那三本诗集并未认真读。对这本《春歌秋唱》倒是从头到尾看了一遍。旧体新体，题材广泛，艺术上虽有高下，但却的确如作者所说，倒都有真情实感。从少年到老年，从春天到秋天，作者的痴心未改，难能可贵。也并未从春天唱到秋天。夏天时没有唱。那是因为不许他唱。个中缘由也都已是历史，可以不说了。

读《春歌秋唱》，还真读出一些沧桑来。沧桑使我感动。

年轻时我也涂抹过诗。现在早就不涂抹了。对已入老境的朋友依然写诗，就很钦佩很羡慕，就也想学点什么，就蠢蠢欲动也想写点诗。不知道还能否唤回写诗的心情。

我不是诗评家，对李蔚的诗就不妄加评论。一评论就会露出我的浅薄来，还是藏着点为好。

是为序。

1997 年 6 月 5 日

与诗人的心跳谐振

——序《男人的心跳》

男人的心跳。一个叫王幅明的男人的心跳。散文诗人王幅明的心跳。

男人为什么心跳？这个叫王幅明的男人为什么心跳？散文诗人王幅明为什么心跳？

是为“当大海和山泉都被污染时，只有泪水最清澈”那一滴最清澈的泪水吗？是为“这里的天比任何地方都蓝”的西藏高原吗？是为“永远都是胸怀坦荡”“永远都是巍然屹立”的大山吗？是为那“绝壁上的鲜花”吗？是为那“灵魂也像被沐浴过”的泼水节吗？是为那“永恒的情人”大海吗？是为那“一对美丽而勤劳的青年的化身”宝天曼吗？……

不能再一一述说。收在这本名为《男人的心跳》——王幅明散文诗自选集里的二百余篇散文诗，都有使散文诗人心跳的理由，都记录着幅明被至真至善至美所感动的心迹，都记录着幅明对至真至善至美的追求，都是幅明心跳的声音。

他的腿很长，走了中国许多地方。还远涉重洋，到过欧美一些国家。不能将此看作一个普通旅游者的旅游观光，这是一个散文诗人对诗情的寻找，他用他诗人的眼睛寻找到了，用他诗人的心灵感觉到了，他将这种寻找和感觉都化作了散文诗。那些在历史上闪耀着光辉的历史人物，如布鲁诺、泰戈尔、波德莱尔、米斯特拉尔、法布尔、罗丹、毛泽东等，也都使王幅明感动得心跳，跳荡在他的散文诗里。

我差不多用了整整两天的时间，沉浸在《男人的心跳》这部书稿中，倾听着作为男人的王幅明心跳的声音。在这种倾听中，我感到自己的心跳也与诗人的心跳韵律与节奏和谐一致起来。比之正当壮年的幅明，我要年长许多，可以说和他是两代人。像我这般年岁的男人，经历的世事多多，心灵是已经长了老茧了吧？一般的文字想要打动它，也颇为不易了。当我发现自己的心跳竟还能由幅明的心跳诱发而引起谐振，就不由得欣喜，欣喜自己虽已长了老茧的心灵竟还可以为幅明写下的散文诗所打动。

幅明将散文诗比作散文与诗的“美丽的混血儿”。他主张散文诗是一个独立的文体。幅明说，混血儿虽然美丽，却常受到歧视，比如中国作家协会的历次评奖都未设散文诗这个奖项,包括最近的涵盖甚广的鲁迅文学奖。这倒使我想起1997年末我在北京参与首届鲁迅文学奖散文·杂文评奖的情况,的确未看到一部散文诗集入围。诗歌奖评选的具体情况虽不知道,但也未听说哪部散文诗集获奖。幅明说的是实情,由幅明的话,我才想起那次评奖情况,没有听到过哪位评委对此有所议论,我在当时更是连想也未想过此事。这说明我在内心对这个美丽的混血儿也是歧视的。下意识的歧视,无非是反映了自己对散文诗的无知罢了。

泰戈尔的《吉檀迦利》,米斯特拉尔的《母亲的诗》,都是诺贝尔文学奖的获奖作品。屈原的《卜居》《渔父》,苏东坡的《记承天寺夜游》,王维的《山中与裴秀才迪书》,刘禹锡的《陋室铭》等,都可视为散文诗的传世之作。纪伯伦、波德莱尔等则因为他们的散文诗杰作《沙与沫》《先知》《巴黎的忧郁》,而在文学史上和读者心中留下不朽的名字。在中国现代文学中,冰心老人是因散文诗而著称于世的。伟大的鲁迅则留下永远的《野草》。当代中国的散文诗人,我虽孤陋寡闻,也能随口说出柯蓝、郭风两位。由以上的简述中,也可略知散文诗在文学中的位置。

的确是好久未读散文诗了。

这次读了《男人的心跳》,我的心也年轻了一回。为此,我要感谢幅明。这算是我读后的一点儿感受和心情,虽难免肤浅,但却是真诚的。

至于对这部散文诗集的艺术评价,诸如结构、内蕴、风格、技巧,以及与其他散文诗人相比较幅明所达到的成就的高度等,涉及散文诗理论的许多专业问题,我若想对此饶舌,还需待学习到一点儿聪明之后。

散文诗人王幅明,也是散文诗理论家王幅明,他有两部为散文诗界看好的有关散文诗的理论专著《美丽的混血儿》和《诗的奥秘》问世。读了散文诗人王幅明受到过感动的人们,不妨再读一读散文诗理论家王幅明,总会获得有关散文诗的一些理性智慧。

1998 年 10 月 2 日

序《卢晓更中短篇小说集》

卢晓更在小说创作上活跃的八十年代，我有许多杂事要做，那时只听说过晓更其人，对晓更其文则未多加关注。九十年代以来，我有机会几次去晓更的家乡济源，每次去都会见到他。这期间，他经历了离开文化工作岗位去一家饮料厂当厂长，又从厂长的职位上回到文化工作岗位的过程。猜不透在创作势头正好时他为什么要去做厂长，厂长肯定不是好做的，生产经营销售，够他受的，不知道心力交瘁没有？焦头烂额没有？反正他得投入全部的时间和精力，于是，小说创作就不得不中断。大约是这样。

如今又回到文化工作岗位，回过头来要出版中短篇小说集，这里所收集的也多是八十年代的作品。晓更送来一厚册剪样的复印件，要我作序，并当场在七个中短篇小说的目录前面画了圈，说是看了这七篇就大体可以窥见他的小说创作的情状。我照他说的做，对所画七篇认真地读了。读后的印象是，与那些八十年代开始小说创作如今不少已在中国文坛成了气候成为风景的当年的青年作家相比，晓更的起点并不逊色。为此，我就为他的小说创作的中断感到惋惜。

如今，晓更要出版中短篇小说集，我猜想，恐怕不是将过去的作品结集起来，单单做个纪念，而是想以此为契机，重新起步。好在晓更正当壮年。而且，当厂长那一段人生经历的酸甜苦辣，大约也会对他今后的小说创作有用。如此，我就说一句祝福的话：希望晓更将来的小说像他的家乡济源的太行、王屋两座巍峨大山的风景那样好看。

是为序。

1998 年 12 月 2 日

迷人的画廊

——《灿烂人生》序

读张文欣君这本报告文学集，一篇一篇地一路读来，就结识了许多让人为之心动的朋友。从乡村到都市，从农村基层干部到企业领导、科技专家、作家、诗人，《灿烂人生》为我们展示了一个丰富多彩的世界。

一路读来，就如“行山阴道上”，或像观赏一轴长卷或一座画廊，五彩缤纷，引人入胜，愈读愈感到振奋。的确是令人振奋。这便是我在阅读时的心情。我不掩饰我的阅读心情。为什么要掩饰呢?

《灿烂人生》所反映的社会生活十分丰富，时间跨度也比较长，从八十年代初一直到今天。它真实展示了十几年来不断变革着的社会生活的各个侧面，以及在这个伟大变革中活跃着的各种各样的人物。从某种意义上可以说，这本书是当代中国社会生活的一部分真实记录。

《灿烂人生》所描写的这些当代人物,身份不同,地位不同,专业不同,文化不同,他们在各自的生活领域里生活着、工作着,他们有各自的苦恼和欢乐。但他们有一点是相通的、共同的:他们都是在各自的生活领域里的创造者、奉献者。正是因为有了他们的创造和奉献,才使得我们的生活得以前进,才使得我们的生活增加了许多美好和希望。他们的存在,证实了理想并未跌倒在地。创造者、奉献者总是赢得人们由衷的敬意,人们从他们身上总是能受到许多启发感奋。同时,从对他们的描写中,我们也可以看到作者满怀激情高扬着的理想的旗帜,以及对一种崇高和纯洁的人生境界的渴望与呼唤。

张文欣笔下所描写的这些人物,是真实地生活在当代中国社会里的,他们是真实的,当然也是鲜活的。他们是优秀的人。他们又是平凡的人。作家既写了他们对事业的追求和执着,也写了他们生活中的苦甜酸辣、喜怒哀乐。他们的人生经历不同,性格志趣也有许多差异。但通读全书,你会发现各个篇章中描写的主人公都具有一种积极进取、昂扬向上的人生态度。我想,这也许是张文欣在这些报告文学中想要挖掘表现的共同题旨。

张文欣长期在文联系统工作,做过文学编辑、文学组织工作,如今又担任了洛阳市文联的领导职务。他给我的印象是不论做什么工作都很认真很投入，务求做好做出成效。他的文学写作只能是在业余时间进行。业余作家就更多了一份辛苦，在别人休息娱乐的时候爬格子，年复一年，笔耕不辍。小说、散文、报告文学，文欣的写作涉及体裁甚广，收获也可谓颇丰。有一篇小说还被翻译成英文和法文。

他对待报告文学写作，如同他对待工作一样，也是十分投入十分认真。九十年代初他创作中篇报告文学《灿烂人生》时，冒着酷暑，用一个多月时间进行广泛深入的采访，翻阅了大量文字技术资料。如果没有这种全身心投入的创作态度，是不可能客观准确、多侧面地艺术展示中科院院士、炼油工程技术专家陈俊武的灿烂人生的。这篇报告文学在石化战线和社会上引起了广泛反响，为张文欣赢得了声誉。近期的又一篇中篇报告文学《大路歌》，写交通部赴洛阳扶贫的，又是一篇反映重大题材的力作。和《灿烂人生》的纵向叙述不同，《大路歌》横向拓展开来，在豫西山区波澜壮阔的扶贫攻坚战的宏大背景下，描绘了一组人物群像。既讴歌了交通部扶贫工作组成员对贫困山区人民的深厚感情和忘我工作的精神，也写了贫困山区广大干部群众对脱贫致富的渴望与奋斗。读来生动感人，催人泪下。如果没有大量认真的采访，没有深入细致的调查研究，没有充分掌握第一手资料，没有严谨而又充满激情的艰苦的案头劳作，是不可能写出《大路歌》的。

我记得文欣曾对我说过，他采写的报告文学中的主人公，大都与他交成了朋友。我以为文欣道出了采写报告文学中一个基本的要求。作家与采写对象之间如果达不到感情的交流，你就不可能写好报告文学。有谁肯向陌路人、不相干的人倾诉自己的真心话呢？听不到心灵的倾诉，听不到真心话，还写什么报告文学？这种感情的投入与交流，又绝不能是做作出来的，而只能是真诚的感情的自然流露。这种真诚的感情是日积月累起来的一种基本素质。据说，中科院院士陈俊武就是一个不太欢迎采访的人。难为文欣，用自己的真诚感动了院士，成功地采写了《灿烂人生》，他们两个也成了好朋友。

在《灿烂人生》中，尽管每一篇都可以看出作者颇具匠心的构思，每一篇都可以读到许多文采斐然的精彩描写，不过从总体上讲，这本报告文学集的风格是朴实的。没有浮华之词，不作惊人之语。朴朴素素，实实在在。但是这种朴实中所包含的真诚和热情以及文化和哲学意蕴却时时令人怦然心动或抚卷深思。在许多篇章朴实的描写中，我们不仅认识理解了主人公和他们的事业，也可以听到其中时代前进的足音，看到迅速变革的社会现实和不断嬗变的思想观念留下的印痕和折光。

《灿烂人生》中有相当多的篇幅是写先进模范人物的。有一种偏见，以为写先进人物的报告文学是所谓的写“好人好事”，所以对其不以为然。殊不知表现先进人物的事迹，展示先进人物的心灵，是一件十分严肃十分艰苦的工作。我倒想奉劝存有这种偏见的人不妨读一读像《灿烂人生》这种报告文学。对生活存有偏见存有沮丧情绪的作家，也不妨到生活中走一走，采写一些先进人物。读一点儿，写一点儿，这对锻炼睁开两眼看世界有益。睁开两只眼睛看世界，总比睁开一只眼睛看世界好。

以上，便是我读了张文欣君这本报告文学集后的一些感觉和一些想法。

是为序。

1999 年 1 月

吟草翠竹庐

用了两天的时间，阅读谭杰君的《翠竹庐吟草》。连续地不间断地阅读三百余首古体诗词，对我来说，是一种新鲜的经历。

记得两年或是三年前吧，谭杰曾赠我一册《翠竹庐诗稿》。我虽只是随意浏览，但仍留下过此君对古体诗词颇有造诣的印象。

阅读过《翠竹庐吟草》，不但加深了谭杰对古体诗词颇有造诣的印象，还更加知道谭杰的写古体诗词既不是附庸风雅，也不是兴之所至、偶一为之，乃是情之所系，当作一件严肃的事情在认真地做，是他情感之寄托，是他理想之追求，是所谓述怀言志也。

所见或所闻，不论今古，凡有所感，都成为他的诗的素材；

有话想说,不吐不快,皆化作他的诗篇。眼前的现实,逝去的历史,恒定的景观,都成为他述怀言志的载体。如此,就多彩丰富广泛。在获得审美愉悦的同时捕捉到多种精神信息,阅读《翠竹庐吟草》就成为一种快乐与痛苦杂糅在一起的思索过程,你受到他的诗的感染,你不能不和他一起忧欢。阅读的过程就成为一种逐步走近和认识诗人的过程。当我明确地知道谭杰是那位结束了结绳记事历史的伟大的仓颉的同乡时,不由得肃然起敬。

国是、纪实、景观、凭吊、怀古、述怀、赠答,凡七篇计三百余题,编定为七辑,组成这册诗集。或直抒胸臆,悼念小平逝世,赞颂香港回归;或托物述怀,借古讽今,针砭时弊,爱憎分明地向往和倡导一种人格走向;或歌唱山村田园的和平安宁;或吟咏温馨永恒之亲情友情。每辑中都有打动读者的篇章。这里没有顾影自怜,无病呻吟;没有搔首弄姿,故作高深;没有附庸风雅,兀自臭美。有的只是真情。通读全书,可以感受到诗人与时代一起流淌着的血,与人民同步跳动着的心。

1994 年 2 月 8 日,克拉玛依友谊馆突遭大火,三百二十五人遇难,多为青少年学生。在场的领导干部临危先逃,还有"让领导同志先出"的拍马屁者。死难者家属要求为这些"公仆"立耻辱碑。谭杰遂有《读报有感》:噩耗传来不胜悲/游魂长啸弥天飞/熊熊烈火焚邪恶/永载"公仆"耻辱碑。

另有一则消息报道:1994 年 10 月 2 日,从化天湖铁索桥断裂,三百余人落水,三十八人死亡。此前曾有人就此桥的安全问题提出过意见。谭杰又一首《读报有感》:文惊四海荡胸脯/掘耳炸雷起天湖/西子《断桥》千载唱/从化桥断万人哭/水虽无情水亦怨/山若有口山当呼/具具亡灵当作鉴/履职纳谏祸根除。

是所谓愤怒出诗人也。

将这两首《读报有感》与他的《卖官吟》《裸舞吟》《庄主吟》放在一起读,就更可以理解诗人对恶的愤怒是如何强烈,对丑的憎恨是怎样深切。

《题“二不公”》,是借历任兵部侍郎、工部尚书、内阁大学士的明代范景文之故事,抒诗人之情怀的。当时登范门相求者甚众,范在府门上写着“不受嘱,不受馈”,概予以谢绝。时人称为“二不公”。诗曰:古人雅号数繁星/百姓今传“二不公”/但愿后人常作鉴/何愁天下少清风。

有位史称“三汤道台”的清代汤斌,为政像豆腐汤那样清,个人生活像黄连那样苦,待人处世像人参汤那样补。谭杰有诗《题“三汤道台”》:三汤豆腐清道台/正气廉风自此开/尝尽人间糠菜苦/常将黔首系心怀。

还有首《题“五代清郎”》:五代清郎擅美名/常思千古尚廉风/难能经世清如许/但立直标善始终。这是怀想历经北魏、东魏、北齐、北周、隋五个朝代，为官五十余载未收一文礼，后人美其名曰“五代清郎”的袁聿修的。

我注意到这三“题”皆写于1996年10月9日。这一天，诗人对清廉的相思好苦啊。与他写于1997年7月10日的《喜读“整治嘴巴年”》对照起来读，就知道他对清廉的相思为什么这样苦了。他读到河北省临漳县提出1997年为“整治嘴巴年”的消息报道，欣然命笔：三令五申视若无/浦东吃罢喝西湖/临漳治嘴奖“冲宴”/但愿奢风从此除。

诗集中激起我兴奋的篇章多多，我得抑制一下自己的情绪，不再引用，就此打住。

我现在可以说在读完这本诗集之后就急切地想说出的一句话了：谭杰是一位具有家国情怀和公民意识的诗人。

有论者说，古典诗是诗人写给彼此看的，此说好像有理。比如赠答唱和之类的诗。但此说又嫌绝对。即使唱和赠答之类的诗，也有不少流传至今，不但当时的人“彼此”看，世代的人们也都在看，必定是在审美上与“彼此”之外的人们有了沟通，得到了人们的认可了吧。例证不胜枚举。更何况古典诗并不等于就是唱和赠答。

诗人自己写了篇代跋《古韵新声唱风流》，附在书后，对新古体诗有很精辟的见解：“写新古体诗，不必苛求格律诗之粘对、对仗、平仄，等等。格律诗力图求工、求雅，是无可厚非的。

而此目的倘若与所表达的思想相抵触时，最好的选择是不要因文害意。诗要走出低谷，为人民所接受，还是大众化一点儿好。要达到人人可以读懂，人人可以吟咏的程度，必须少一点儿禁忌，多一点儿宽松。既不失其大体，又能反映社会现状、表现思想、陶冶情操、引人上进。如果一味求工，高雅到凡人俗子无可问津，艰涩到凡胎肉眼读而未解的程度，便真正成了诗的悲哀。诗是真理的声韵、时代的号角、历史的足音、心灵的赋歌、感情的火花、思想的载体，只有为大众所接受，才能真正担当起诗歌在社会上应该担当的角色。”

诚哉斯言。

谭杰是如此说的，也是这样做的。有《翠竹庐吟草》和此前的《翠竹庐诗稿》作证。

1999 年

和玫瑰站在一起

中原年轻诗人的聚会，总要拽上我这个老者参加。我也乐意参加年轻诗人的聚会。参加年轻诗人的聚会，倾听着他们年轻的率真的意气风发的没有遮掩的无所顾忌的关于诗的争论，别是一番意味在心头。有时会偶然看到因受到批评而感到委屈流下的眼泪，就觉得那泪水也是年轻美丽的。呼吸着年轻诗人的呼吸，我心年轻；歌唱着年轻诗人的歌唱，我心欢畅。

我不是个诗人。我早就不写诗，也不是个写诗的人。甚至可以说，也算不上一个诗歌爱好者，在我平时的阅读中，诗歌好像并不占什么重要位置。我猜不出这些年轻的诗人为什么总要拽上我。猜不出就不猜。只要我乐意就行。

就这样，近些年来，或省城，或山野，每年都有一次和年轻诗人们聚会的时光。于是，我就每年都年轻欢畅一回。

和追求真追求善追求美的年轻诗人们不时聚会，真好。

在这种不时的聚会中，就结识了康丽，她是他们中的一位，一位端庄美丽、宽厚善良的女性，她关心人善待人，富于同情心，乐于为他人做事，怪不得大家要她做他们省青年诗歌学会的副秘书长。我对康丽的观察，与她的年轻诗友们对她的评价相似。

康丽虽在孩童时就迷恋文学，但她在一家市级刊物上发表第一首诗时已是二十八岁，已经是一个三岁孩子的母亲。此后停笔，再发表诗作时已是十年之后。1994 年她的第一本诗集《人生情结》出版，此后又有《心海红帆》《时光之水》相继问世，一发而不可收，从诗歌创作的实绩来说，收成不坏。三本诗集，都曾赠我。

这次认真地阅读《午后的玫瑰》，就印证着丰富着诗化着我对康丽的印象。

我读诗就是凭直觉，看你能不能打动我。打动我的，就是好诗。打不动的，对不起，就与我没关系。这就是我这个一般读者的心态和标准。我不是诗歌研究者，我只能有这样一个一般读者的视角。

《午后的玫瑰》中，还真有些打动我的篇章，阅读中常被一些诗句绊住目光。随手拈来几个例证。

如:从四面八方向光明飞来/尽管同样地遭到捕获和猎杀/而这些有翅的精灵/依然在夜空飞行/它们的趋光性至死不渝……/我愿意在月光下抖掉我的枝叶/和花朵/和它们站在一起/阅读有关翅膀的回忆(《生命之幽影》)。

如:需要最初的音乐/敲打河流泛滥后板结的凝块/需要震动的传说/在精神萎靡时迎面开来/需要滋生新鲜兵团/在颓废时杀向我们(《遥望居住的大地》)。

又如:在风中扬弃自己/在每一个角落保持自由的本质/我将在临近的季节放出胚芽/将那灵魂和金色的玫瑰/伸向旭日东升的灌木丛(《独坐黄昏》)。

再如:让词语潜在海水之中/让它浸透更多的哀痛与同谋/在夏日的正午接受太阳的质问/在湍急的河底接受砂石的磨砺/并且变得遥远成为星群(《和黑暗结为知音》)。

我以为,这些篇章这些诗句与生命有关,与探索生命与爱恋生命与张扬生命有关,我喜欢与生命有关的诗歌,它能唤起对生命的探索、爱恋和张扬。这是我的偏爱吗?

有三首写普通人的小诗也令我感动。组诗《城市居民》中的一首《守门人》:许多年后,另一个守门人/站在他原来的位置/他询问的风声/和春天似曾相识。另两首是写卖瓜人的。一首是《买瓜》:卖瓜人接过钱/反复数着,辨认着/用双手捏着下了楼/我看不到他的背影/他是否走进了那个烧饼铺/或者面对一碗面条/夜色苍茫，溶进了我的内心。另一首《小手扶穿过花园路》：小手扶穿过花园路口/惊恐快速地穿过我的视线/他们去的那里我知道/桥下没有等待的月光。诗人的宽厚善良富于同情之心，不但湿润着她所描述的对象，也湿润着我这个读者。

有一首《深山闪电》，如此结尾：这上苍的一瞥/是我等了一世的目光。我长久地停留在这两句诗行打量，我的目光仿佛也被"这上苍的一瞥"照亮。我不由得惊叹，叹为绝唱。

也有不怎么喜欢的，就是作者在后记中所说尝试着描述的客观，如《龙光》，就仿佛那词语还没有浸在海水之中，或是虽已浸在海水之中但尚未浸透。

对《午后的玫瑰》这首长诗，我略觉可惜，稍感遗憾，以为如果孕育足月，本可以写得更加动人的。

康丽大病之后，刚刚康复不久，就参加了今年初夏在栾川县龙峪湾的那次年轻诗人的聚会，登中原第一峰鸡角尖时，她也几乎登攀到峰顶，我在两千二百余米的峰顶往下望，望到她近在咫尺，可与之对话。龙峪湾林场的院子里有一块偌大的古栎木化石，我和康丽曾站在那块亿万年前的古栎木化石前感叹，我曾向康丽说，一个诗人哪怕只有一本或是一首诗，被百年千年之后的人们记住，也就达到不朽了。康丽当还会记起。

康丽出版她第四本诗集，要我作序。我当即说你找错人了吧？她坚持。我只好应命。这只是一个读者阅读后的直觉感受罢了,岂可当作序言？你写你的诗,对这些胡乱涂抹的文字不必当真,这些文字与你的诗无关。

1999 年

序《风情》

读王世龙的这本《风情》,与读他另两本摄影艺术作品集《历史脚印》和《中原父老》,会有不同的感受。读那两个集子的感受是凝重以至沉重。《风情》所展示的是人与自然的协调,老百姓过家常的日子,这里面自有小夜曲般的诗情画意。于是,阅读者也就从中收获了轻松恬静的心情。这是在阅读《历史脚印》和《中原父老》时收获不到的心情,这是别样的心情。

如果将前者看作纪实,这本《风情》则可视为抒情。前者是一个时代的纪实报告,《风情》是山川田园抒情诗。

世龙说过,摄影作品是摄影者心灵的一面镜子,透过作品可以看到摄影者。那么,透过《风情》,我看到了拍摄《历史脚印》的王世龙的另一面,这不是那个王世龙,这是另一个摄影艺术家王世龙。《风情》提供了这样的信息，王世龙不仅仅是一个时代的纪实报告者，他也是一位抒情诗人。这才是一个完整的、立体的、内涵丰富的、艺术才能多面的摄影艺术家王世龙。为此，我真是感到由衷的欣喜。

将瞬间定格为永久，给读者提供许多想象的空间。这就是摄影艺术吧。如果将瞬间定格了，但并无永久的价值，也不能给读者提供什么想象的空间，这还能称作摄影艺术吗？只能看作平庸之作失败之作，在淘汰之列，当然也会在瞬间就消失的。那么，如何创造出成功的摄影艺术作品，恐怕不单单是取材角度、构图与光圈速度等这些技术层面的问题。还是世龙自己说得好，根本的还是摄影者的心灵。

《风情》这本摄影艺术作品集，我当然不敢展开来妄加评说，我得藏着点我这个外行人的浅薄。作为一个读者，总还可以说说感受。这一幅幅照片，梦境般的恬静的山村，欢乐的喧闹的集市，那个笑容满面的老奶奶，那挂在墙上的玉米，那晒在石板上的柿子，那个抱着孩子推碾的媳妇和那个过筛的婆婆，那个织着毛衣的牧羊女（她在为谁织毛衣），那开在山区窑洞里的“时装商店”，等等，这人与自然的协调，这人与人之间的协调，无一不在悄悄地诉说着，或者说，这几十幅照片组合起来在悄悄地诉说着一种意境：诗意的栖居。这是很能打动人的一种大意境。人类在这个地球上生长繁衍，古今中外，世世代代，所梦想的所追求的就是这个诗意的栖居。诗意的栖居，这是人类永恒的主题。

和世龙相交久矣，这次为了写这篇权称作序的文字，又读了他的作品，又欣赏和享受了一次他的艺术，还得知了过去不知道的有关他的一些情况。1950 年 10 月，二十岁的王世龙已经在部队从事摄影工作，解放昌都路经处处悬崖峭壁的青海地区，行至支鸦桥，他的坐骑马失前蹄，连人带马坠下悬崖，马摔死了，而他竟被两棵树的枝杈横挂着，双手还紧紧抱着他的相机。真得感谢支鸦桥悬崖下那两棵树的枝杈。前些年世龙因癌症去南方治疗，我是知道的。也是平安无事。如今坐在我对面的这个小个子老头儿，脸上的皱纹虽然比前些年深刻了些，但还是燃烧着激情，还是透着精气神。人家命大，坠崖、癌症都奈何不了他。这世界总是还对他有些期待吧。期待什么呢？期待他在即将到来的新世纪，必定会有新的艺术创造，奉献给这个世界吧。

我祝福你，朋友。

1999 年 1 月 4 日

王世龙这个小老头儿

这个人精人怪，比我大一岁的小老头儿王世龙，又要出书了，这回，书名为《1956—1996 图像岁月——昨天的农业、农村、农民图像纪实》。三百余幅照片，三万余言文字，述说着四十年间中国农业、农村和农民的沧桑。先不说这就是史诗。但你不能不以凝重的眼光进入阅读，然后进入凝重的思索。“三农”，对于中国的国计民生，的确是一个最为凝重的课题。破题，用了几十年的时光，几代人的努力，付出过巨大的代价。今天，21 世纪初的今天，2007 年的今天，免除了农业税、免除了几千年来“皇粮”的今天，工业对农业反哺，国家对农业实行各种补贴的今天，反观历史，就别有一番滋味在心头。

对于昨天曾经发生的狂热、盲目、失误、荒谬，不要责骂，不要妖魔化。昨天是今天的历史，今天是从昨天走来的，今天对待昨天，只需清醒地回顾，理性地反思，科学地梳理，如此，便会踏实地走向今天的未来——明天。《图像岁月》将一个个瞬间定格，连接为一幅历史长卷，提供了可观可触可感可知的艺术的回顾、反思与梳理，对于当代以至于今后，自有其不可替代的思想与艺术价值。

这是他的第八本书。世龙出书不早，1995 年他六十五岁时才同时推出两本摄影画册——《历史脚印》和《中原父老》，1996 年出版摄影文集《瞬间纪事》，1999 年又同时推出两本摄影画册——《风情》与《风光》，2004 年出版摄影画册《水！水！水！》，同年还出版散文随笔集《牛歌》。加上此次的《图像岁月》，十二年间，八本书，这是世龙晚年的井喷，酣畅淋漓，快哉快哉！

世龙曾有文记述他患癌症经过治疗，于休养期间最初出书的情况，他在家中建了暗房，将半个世纪所拍数千张底片统统重新印样，精选放大，一次推出《历史脚印》《中原父老》，使他精神大振，食欲增加，体重上升。一发而不可收，于是，就又有了次年即 1996 年的摄影文集《瞬间纪事》，1999 年的《风情》与《风光》。世龙说："四本摄影画册，一本摄影文集，尽管都不是惊人之作，但病魔却被吓得无影无踪。"出书，是世龙对病魔斗争的一种方式，它敢对我"魔高一尺"，我就对它"道高一丈"。这场斗争，以世龙的胜利告终。新世纪开始，孩子们为已有五本书的世龙庆祝七十大寿，他还和孩子们一起跳了新中国建立初期学习的交谊舞，这个小老头儿得意扬扬地说，“他们笑我仍是风度翩翩”。

1999 年的《风情》，我曾奉世龙命为之作序，在那篇序的结尾我说：“如今坐在我对面的这个小个子老头儿，脸上的皱纹虽然比前些年深刻了些，但还是燃烧着激情，还是透着精气神。人家命大，坠崖、癌症都奈何不了他。这世界总是还对他有些期待吧。期待什么呢？期待他在即将到来的新世纪，必定会有新的艺术创造，奉献给这个世界吧。我祝福你，朋友。”

果如所料，新世纪伊始，又是三本书。

三十万言的散文随笔集《牛歌》，真实质朴，精彩独到。以文字与世界对话，世龙只是偶一为之。他与世界对话交流倾诉感受的主要工具还是他于二十岁时在部队就拿起的照相机，他用镜头说话。这个经过人民解放军这个大学校严酷锻炼的乡村穷苦孩子，以常人难以相信的毅力在病床上痛苦地顽强地躺了一千四百多个日日夜夜，治疗好战争给予他的伤痛，坚持拒绝给他的一等残废军人待遇，争取到降低一等的二等残废军人待遇，也就争取到他向往的重新工作的机会，逐步扔掉支撑他行走的双拐，在无数次摸爬滚打中学会了骑自行车，终于可以到地方媒体重新拿起了他心爱的相机。几十年来，他的镜头须臾没有离开过乡土和农民。他就是要用他的镜头诉说他对乡土对农民的深深的爱恋，那是他的乡土，他的父老兄弟。

那年，淮河发大水，他乘运送救灾物资的直升机去淮滨，飞机将救灾物资和他降落到地上就飞走了，他就留在抗洪救灾的淮河岸边拍照，被安排到一个陈大爷家吃住，与陈大爷同住在一张竹床上，陈大娘发现他身上也有虱子，就笑着对他说，俺身上有这东西你身上也有。他在陈家住了五天，每天晚上，陈大娘就将他的衣服拿去在麻油灯下帮他捉虱子……那年，他去新乡大块头公社采访，前不靠村后不靠店时，突遇大雨滂沱电闪雷鸣，雷鸣中听到有人呼唤他的名字，他就循声钻入一架瓜棚，原是他采访过并为之拍过照的张大爷，张志江，张瓜匠。张大爷把他的摄影包擦干，用被子将他包起来暖和。张大爷说，天黑了，下大雨，不走了，还有俩窝窝头，你一个我一个，再找俩面甜瓜顺顺口就行。他俩背靠背坐在瓜庵里的木床上，瓜庵里的水越积越深，坐在床上可以洗手，那小床像只小船，他抱着摄影包，张大爷抽着清化小烟。雷雨声中，张大爷说，当记者不容易啊！他说，种瓜也不容易啊……那年，刚收罢麦，早种的棉花苗支蓬开已经碗口大了，他骑着自行车，从新乡朗庙公社到获嘉的亢村公社采访，过七里营公社王屯大队时，他突然感到头疼，浑身没劲，像是感冒，就在一棵大叶杨树的阴凉下将自行车放倒，头枕着车，手抱着摄影包，想着迷瞪会儿就会好的，醒来，发现身上盖了件小袄，王屯大队的王大爷正坐在他身边吸烟，还笑着说,我一看就知道是你,我认得你的照相包,你的自行车,你忘啦,去年你来俺家,自行车气不足,还是俺借的气筒打的气。王大爷不听他有点感冒不要紧睡一觉休息会儿就好了的胡言乱语,硬是给他拉到了大队卫生所……那年,三年困难时期的某一年吧,他与新华社记者老唐同在新乡县刘庄采访,天黑时,老唐说咱吃什么,他说听主人安排。天黑透,他俩转了一圈也没找到饭吃,只好等第二天早上一起吃。睡下时,大队支书史来贺来了,问二位吃饭了没,饿不饿?他笑说,老史,饿了咋办?老史说我去想点办法,半个时辰后,老史回来,提了壶开水,扤了半篮子被霜打的小茄子,捎带一包盐,霜打青嫩小茄子蘸盐,开水送下,也算是顿美美的夜宵……

那年是何年?陈年也。陈年何谓?好久好久以前也。王世龙在数十年间的采访生涯中,上述的类似细节,信手拈来,比比皆是,不胜枚举,可以就此打住,不再列举。细节有发言权,说王世龙风里来雨里去风风雨雨几十年,当不为过吧?当然苦。世龙能深深体味到那苦中之乐。爱恋乡土,亲近农民,乡土为他充氧,农民为他补钙,世龙的思想感情意识精神,是日渐成长日渐强壮的。强大的精神反哺身体。这里大体可以猜测到他战胜伤痛战胜病魔的秘密了。

世龙有文《死鬼,你认识我吗?》,记述了他五胜死鬼的情景。一次是 1950 年冬,这年他已是中国共产党党员,解放昌都战役中，夜行军包围敌人时，他坠崖，他的坐骑和他的行李资料全都顺水东流，只有脖子上挂着两部相机的随军记者的他，被挂在古树的乱枝上，战友们用绳子绑住他的手脚将他拉上来，放在骆驼担架上。又一次是1951年初夏，胜利完成解放昌都战役，完成进军玉树任务，部队奉命返回西宁，他的伤虽尚未痊愈，但已从骆驼担架上下来，换成骑马，第二次途经巴颜喀拉山上的花石峡，他伤痛复发，高烧三天不止，茶饭不进，晕倒在帐篷里，不省人事，命在旦夕。部队接受剿匪任务立即出发，留下徐班长和一班人马为他办理后事，在花石峡的水泉边给他修好墓地立好墓碑，一边无奈地看着听着他逐渐衰竭的呼吸，一边派出三名战士骑马去二百里外的修路部队求救，竟请来一位医生，带来十二支盘尼西林针剂，连注射三针，高烧逐渐下降，从昏迷中醒来，能一勺勺地接受战友们的喂水了。再一次，是1953年的春天了，在兰州军区摄影训练班学习半年，照完毕业合影后回到招待所的当天晚上，从床上掉到地上，腰部疼痛难忍，旧伤又复发了，下肢几近瘫痪。由兰州而天水宝鸡西安开封上海北京天津，一路转院，在天津医学院附属骨科医院，由苏联专家参加，“死马当成活马医”，给他动了取骨疗毒、“刀卸八块”式的大手术，石膏固定全身，除头部和两手能动外，就像一具僵尸。手术后转新乡荣军康复医院治疗休养，一躺就是四年，待拄着双拐能站起时发现人矮了一截。这就是所谓的取骨疗毒,手术时将他的腰脊骨截掉一节。这也就是我为什么叫他小老头儿的理由。人家给他评了个一等残废军人,其待遇是由国家养老终生,给一套住房,给找个老婆,老婆也可拿一份相应的工资。他写信给省民政厅厅长,表示坚决不要这个待遇,而要可以重新工作的二等残废军人待遇。他要工作。人们看来,此人真是有点怪怪的。第四次是 1989 年,癌症,在广州治疗期间,上午治疗,下午还背着相机在广州街头转悠,不时抓拍个街头即景之类。第五次是 1992 年,开肠破肚胃被切除三分之一。如此这般,与死鬼进行了五次较量,世龙写道:“每一次较量我都对着它大喝一声:死鬼,你认识我吗?”

王世龙以他的残疾之躯,背着他的摄影包,走遍了河南这块热土,拍了上万张照片,就凭这,当了全国劳动模范,当了首任河南省摄影家协会主席,为河南的摄影艺术事业做出过巨大贡献,以乡土摄影家的身份随中国摄影家代表团访问美国。美国同行认为,王世龙的摄影艺术最洋,东洋!他的多幅照片被美国收藏家和西方艺术机构收藏。

行文至此,就可理解我在本文开头为什么要称他为人精人怪了。或加一条:人杰。或可再加一条:人龙。诸君以为如何?有时候,我看坐在我对面或者站在我身边的这个小老头儿,心中不由得暗想,你就不是个人。你是一个传奇。

回到文本,回到《图像岁月》,我说了不少好话,也想说点不满足处。此话，世龙已在此书中说过，他说："天有不测风云，我只照晴；人有喜怒哀乐，我只照笑。因此，我的照片用现代眼光审视，大都是公式化、概念化。但作为历史的记载，尽管是千篇一律，或者千人一面，但总归是那一段历史的脚印。"言重了，自责过苛。不能说是公式化概念化，也不能说是千篇一律千人一面。既有不测风云，也应当照阴，既有喜怒哀乐，也应当照哭。综观全书，虽也有困难时期"瓜菜代"一些照片，但对灾祸苦难的反映的确太淡，致使沧桑感稍欠缺。世龙在"记者感悟"等题目下的文字中作了些说明，想来，他也感到这种缺憾了。照晴照笑，几十年的摄影生涯中，世龙是当作座右铭的。我猜想，这是对新闻摄影的要求，更重要的是世龙对世界对人生对生活的观点、认识和表现方法，他总要将光明的一面让人们看。这也是王世龙的《图像岁月》，那岁月已经流逝，无法要求世龙再重走一遭。

世龙向我大声说，这是我画句号的一本书。

我搂紧世龙的肩膀，也大声说，你画什么句号？你这精气神，你美吧，你得意吧，你照一百岁活吧。

世龙笑了，我看到那笑着的眼睛燃烧着光亮，我感到那光亮有种灼人的力量。

2007年7月24日

序《燃烧人生》

我看到的张廷双这本集子里的作品，是《迎接春天》等六首新诗、《满江红·庆祝十六大》等六首旧体诗词和《燃烧人生》等四篇散文随笔。这肯定是这本集子的极少部分。原来想请作者再提供一些作品，后来想留下一些想象的空间也不失为一种选择，就打消了原来的念头。

依次阅读这篇什不多的韵文和散文，开头将作者想象为一个阳光男孩。及至读到旧体诗词，就修正了开头的想象，当代的阳光男孩不可能对古典诗词有如作者张廷双这样的修养。最后读散文随笔，就确切地知道作者是青春已逝的中年人了。有诗为证："半生遭逢如梦魂，寸功未建憾难平，夜阑扶案品书香，五更卧榻闻涛鸣，思绪绕着青山转，心潮紧跟长河行，欲抖彩虹点秋色，直教满眼枫叶红。"作者的这首感怀诗，是他在

《燃烧人生》这篇随笔里透露的。

张廷双的如梦魂般的半生遭逢都是些什么，无从知晓。从这首感怀诗里读不到多少沧桑，更多读到的是作者的抱负和对自己的激励。他为寸功未建憾难平。从已读到的作者的诗文中得知，他的抱负总是与国家的命运连在一起的。于 2000 年 9 月所写的《满江红·报祖国》，如此结尾："功名未就不言老，雄心勃发更神采。待从头，韬略重运筹，报祖国。"即是一例。

对于平淡，作者也有自己的看法，在《一路走好》一文中，他陈述了自己的观点，"平淡是真，我也乐于平淡"，"拥有平淡，就品味平淡吧，只要当心，别让心灵真的沉睡"，"虽然过得无声无息，倒也感到心里踏实，笑口常开，其乐融融"，"命运既然安排了你注定要一生平淡，又何乐而不为，你也拥有自己的蓝天，拥有自己的生活，拥有实实在在的一切，比起那些沉湎于花天酒地之中醉生梦死的人，还不是活得更有意义？""把一切奢望放在心里多累，碰上不痛快，赶紧来个'删除'，那才是每天的太阳都新鲜"。

在事业上渴望为国建功，在个人生活上只求平淡是真，拒绝花天酒地醉生梦死，如果我的这个解读没错的话，那么，我认为作者的这种人生态度就是特别值得称道的。

我在想，为什么在开头的阅读中作者会给我留下阳光男孩的印象？及至读了他的旧体诗词和随笔，知道了作者受过高等院校的专业训练，并且已有“半生遭逢”，已是人到中年，这种阳光男孩的印象仍挥之不去，其原因是，在有限阅读到的诗文中，我阅读到了作者的单纯和纯真，他心中有一片湛蓝的天空，他的思绪绕着青山转，他的心潮紧跟长河行。这种明朗的心境，令人羡慕。

保持这种单纯纯真明朗的心境，让湛蓝的天空永驻自己的心灵之中，是最为重要的。

如果再繁复一点儿，再缤纷一些，或甚至再多几分沧桑，大约不会损害作者已有的这种单纯纯真明朗的心境，反会使这种心境及其外化的文字更加丰富厚重和好看。说到文字，如果随笔的语言能与书面语言拉开一点儿距离，更加贴近生活更加生活化一些，是否会更加好读呢？这算是我对张廷双先生的两点建议，不知以为然否？

是为序。

2000 年

序《散文创作谈》

1982 年 7 月王剑冰由河南大学中文系毕业分配到河南省文联来工作时,才是个二十多岁的小伙子,在省文联这么个单位,他当然是小字辈中的一个。省文联这样的单位从某种角度看有种种不好:办公条件不好,住房条件不好,福利待遇不好,等等。但也有一条好,其多数岗位对于大学中文系毕业的学生倒可以说是适得其所的,学有所用,可以发挥,并且,也提供了继续学习的环境和机遇。可以自己将自己深造。不学还不行,如果不学习,在省文联这样的单位以及这个单位所联系的文学艺术界,就会逐渐丧失对话的资格,就会失去交流的快乐。

剑冰有幸,十八年来,一直是在编辑工作岗位上,前八年陆续在《奔流》文学月刊和《文艺百家报》,后十年在《散文选刊》。编辑工作岗位一般说是为他人作嫁衣裳,是幕后英雄。

为他人作嫁衣裳并不容易，幕后英雄并不好当。它要求有艺术眼光，有文字水平，有广泛的知识，有敏锐的政治感觉，有大局观，等等，它要求的多着呢。在大学中文系学的那点东西不够用了，只得再学习，在实践中学习，在学习中实践，编辑工作岗位恰恰提供了这种学习环境和条件。当然也还有个主观问题，是当作事业去做，还是当作日子去混，就全在自己了。

剑冰注意让时光丰富自己、壮大自己，理所当然地获得编审职称，主持《散文选刊》的编务也已近三年了。业余时间，笔耕也勤奋，印象中他先是弄诗，后来出了几册散文集，听说还写了长篇小说。业内业余，都堪称成绩不菲。他的《绝版的周庄》，给我留下很深的印象，以为是当代散文中极精粹的一篇。

剑冰在出任《散文选刊》主编之际，曾有一个征求意见的座谈会，我说出我的意见，要坐得住，要投入，要心无旁骛。近三年的实践下来，看来我的担心是多余的了。刊物有些新的构想、新的开拓，逐步显示出勃勃生机，逐步获得散文界和读者的认同，发行量也有可人意的上升。

这册《散文创作谈》，是有关散文的评论文字的结集，也是剑冰第一本散文评论集。散文评论大大滞后于散文创作，似应提倡一下。看了一遍，获知当代散文创作的许多信息，也窥见剑冰有关散文创作的一些观点，这些观点当然只可看作是一家之言。

中国是个散文大国,有着悠久优秀的散文传统。汉语言有着无穷的艺术魅力。作为我们中国这个泱泱大国的《散文选刊》的主编,剑冰当会感到这副担子的重量,也会知道该如何将它扛起。能在这个岗位上磨炼锻造,剑冰有福了。

是为序。

2000 年 7 月 28 日

童心叩我

《叩问童心》,装帧很雅致的一本小书。杨稼生的文字好,田田的日记动人,周同宾的序也漂亮,祁瞻的插图也属上乘。反映着大象出版社的策划运作水平。封面有提示语:倾心倾力爱护田田,让她知道这世界上究竟有多少爱,然后,让她依着这个"数儿"爱世界。读完这本小书就知道,这句提示语就是此书的题旨所在。封底摘引了台湾著名诗人也是河南老乡的痖弦给杨稼生信中的一句话:"写田田的文章我都仔细看了,都是极动人的散文。"大陆十多家报刊、台湾报纸、北美的《世界日报》都曾设过"叩问童心"专栏。《叩问童心》在出书前就已广有影响。

我在读过这本小书后才受到影响,之前并不知道那么多的专栏,可见我的孤陋寡闻。受到影响,有话想说,却发现想说的话几乎竟让同宾说完了，再说就难免重复，或有抄袭之嫌。稼生有信来，想听听我对这本书的看法。还寄来田田的照片，就是《叩问童心》扉页所用的那张，不过那张去掉了背景只用人像黑白印刷，就没有收到的这张好看，彩色的，田田站在水边的草地上，背景是天、山、水，还有一座石坝，我猜想那就是石漫滩水库。山是绿的，水是蓝的，天是蓝的，水天一色，田田穿的白色背带裙上也有蓝色的花朵。这位六岁的美丽小女孩儿，她的站立身姿她的面部表情，是否略嫌严肃了点儿呢？从《向晚时分》《废信封》《垃圾》《买垃圾》《过马路》《听雷》《耳语》《小表弟是一勺一勺喂大的》《你能不能不流口水》《有偿游戏》《大人话》《老房子》《玩》等一路数下去，五十余篇，五万余字，如稼生来信中所说，“这几年常跟孙女田田一起玩，记述了一些琐事”，爷爷对孙女的苦心爱心就是在这些琐事中进行着完成着。苦心令人感动，爱心润人心田。不只是湿润着孙女田田的心田，也湿润着许多爷爷的心田吧。这就是杨稼生，就是杨稼生的《叩问童心》。

我与稼生相识已经四十四年。1956 年春天，我们一起去北京参加全国第一次青年文学创作者会议，那时稼生和我当然都还很年轻，粗略算来，当年他二十二岁，我二十五岁。恍惚记得大约是 1955 年，稼生发表过一个短篇小说，就发表在《河南文艺》上吧。还依稀记得那小说的题名——《春梅与秋莲》，情节故事记不清了，是那种语言轻灵、人物鲜亮、气氛温馨的一类，与共和国初期的天朗气清和谐一致。“青创会”归来的翌年，稼生就遭遇了坎坷，我始终弄不明白灾难为什么会阴差阳错地降落到这个像明朗的天空般的年轻人头上。但这就是残酷的现实生活。二十二年的光阴，稼生在林中度过，与牧者樵者在一起，更多的是与树木森林与花草虫禽在一起，与自然在一起。牧者樵者从某种意义上说，也应是自然中人。稼生被迫远离社会，只能与自然亲近，与自然对话，与自然交流，这倒锻造了稼生别样的真诚善良美好的性灵。

稼生复出后，不再虚构小说，只写散文，陆续有《海蓝海蓝的眼睛》《我女儿必经此地》等散文集出版。读稼生的散文，能感受到他经过在自然中二十多年的陶冶获得的性灵，文字也优雅，是种艺术享受。省里进行过的两届优秀文艺成果奖评奖，我和几位评委都想将稼生的散文推上去，终因这样那样的原因，未果。

稼生偏居舞钢，很少谋面。八十年代中期他曾来《散文选刊》帮助一段工作，就住在省文联招待所，当然会不时碰见，碰见了他也话语不多，低声细语，从他的声音里能听到一丝悒郁，从他的眼神里也能看到一丝悒郁，就像从他优雅的散文里，在读到真善美的同时，也能隐约读到一丝悒郁一样。

九十年代中期，曾有一次机会去舞钢，是去视察，白天视察,晚上就在钢铁公司招待所住了一宿,特想与稼生促膝夜谈一次,钢铁公司的人们不知道稼生家的电话,只好作罢。

这次读《叩问童心》,诚如同宾在序中所说:“我看,田田也常常无意中教导稼生,把年过花甲的爷爷教导成了童心十足的老小孩。正是因为这,爷孙俩才互相理解性灵沟通,才在一块儿玩得舒服,生活得陶醉。”稼生快乐起来,真叫人高兴。

同宾在序的最后说:“当然,稼生的文章算不上‘经国之大业,不朽之盛事’,但离百姓很近,离人心很近。因此,自有其流传的价值和长久的生命力。散文写到这份儿上,够了。”

我想说,也够,也不够,六十多岁的爷爷和六岁的孙女的沟通交流,总嫌有那么一点不平等,总嫌有一点是单向灌输,如果在叩问童心的同时也童心叩我,这就是双向的平等了,也必定是更加丰富好看动人的了。我多么希望稼生被田田叩开的心扉,更开阔地敞开起来,我多么愿意听到稼生大声地说话朗声地大笑。

用田田对爷爷说的话,让我们用声音手牵着手,我就用这从我心里生长出的声音,与稼生与田田与你们爷孙俩手牵着手。乐意吗?

2000 年 9 月

序《菊乡行吟》

阅读朋友们所写的有关内乡的这些文字,就仿佛重游了宝天曼和内乡县衙。那些我未曾去过的地方,五龙潭、狄青洞,等等,也因为朋友们传神的描绘,心向往之。

宝天曼,大自然的造化,造化成一座珍稀植物博物馆。登上海拔一千八百余米的山顶,我就相信了。为什么相信?一路上有许多树木花草,竟然是我未见过的不认识的。我在这个人世上存活了七十年了,在山上也住过不少岁月,也算是个登山爱好者,登过不少有名的山或不甚有名的山,著名的植物园如华南植物园等也去看过,夸自己一句,也算见多识广。如我这般见多识广之人竟也未曾见识过宝天曼上的许多花草树木,不是珍稀是什么?宝天曼上的太白杜鹃,可以借以抒发诗情;刺楸,可以借此阐述哲思。真得感谢廖华歌、周大新两位的灵气与悟性,就使我记住了那杜鹃和那楸树。

岁月流逝,流逝为历史。内乡清代县衙,将历史定格在那个特定的时段,这就使那个特定时段的历史变成可以直观可以触摸的了。这个县衙保存至今,也是个奇迹,它怎么竟没有遭到破坏呢?这就说明内乡人是爱文化的。文化不会从天上掉下来,文化是人类几千年来共同的创造,总是有一种传接、批判、继承、创造的关系,对传统不可采取简单否定的虚无主义态度。比如内乡县衙,我就对它的楹联感兴趣,只举一例:得一官不荣,失一官不辱,勿说一官无用,地方全靠一官;吃百姓之饭,穿百姓之衣,莫道百姓可欺,自己也是百姓。我不知道该如何批判它,只觉得当代的干部站在此楹联前也该有所启悟吧。内乡县衙,在全中国独此一家,也可算是珍稀之类,就像内乡宛梆,只在内乡可以听到,全世界就这一个宛梆剧团。

这本小书里的作者,有许多是我相熟的。乔典运、孙幼才二位已经作古。典运的文字极灵动,幼才的极朴实,见其文,不免又勾起对两位老友的怀念之情。周同宾的文字极富文化内涵。李铁城、行者、周熠、秦俊、兰建堂、殷德杰、窦跃生等诸位(恕不一一列举)的文字都好,令人钦羡。

文字虽好,还是不如身临其境,亲历的感受与阅读文字的感受到底是不一样的。我亲历感受过,可以证明朋友们的文字没有做广告之嫌,那只是他们眼中心底笔端的内乡而已。听景不如看景,还是亲自来看看为好。

享受自然,享受历史,享受文化(比如说顺便听听宛梆),内乡可以给你这许多享受,何乐而不来呢?

2001 年

序《红色曼陀罗花》

这里呈现给读者的，是赵雅安的三个中篇小说:《黑眼睛菊花》《红色曼陀罗花》《巴林石项链》。我有幸成为最初的读者之一。

三篇小说描述的对象为广告人、画家、宝石设计师、舞蹈家、珠宝商等，以及他们之间的情爱故事。这在我近年来的阅读中是一种陌生的新鲜经验。

叙述语言湿润，如小河淌水淙淙流过;人物语言恰如角色的身份，相当到位;悬念的设置自然，故事的编织流畅，能激起你阅读欣赏的兴趣和欲望。

这些当代的年轻知识男性和知识女性，他们当然有各自的事业和各自的人生追求，他们在生活中相遇相识相知相思相爱，这原来就是生活中每天都要发生的故事。在雅安的笔下，这些情爱故事坚守在灵的层面，弥漫着一种古典的诗意，这就与当下流行的身体写作下半身写作划清了界限。逆潮而动，并不容易。

雅安的父母都是学俄罗斯文学的，这就命定着她自幼就接受着俄罗斯文学的熏陶，虽已人到中年，在她如今的小说创作中，依然可以看到俄罗斯文学影响的蛛丝马迹。

说起来，雅安也不是个小说新手，早在二十多年前，她年轻时就出版过写儿童生活的小说《第七个莲花瓣》，只是此后中断了小说写作。她长期从事群众文化和文学编辑工作，研究群众文化理论、调查群众文化实践，自然也就留下这方面的文章，如《文化小百科》《河南民俗学》《文化产业经济学》《传统文化的震撼》等。间或也写些散文和报告文学，如《桐柏山新年好》《绿色平安神》《泥人张》等，其中不乏获得文化部和《人民日报·大地》奖项的作品。她与群众文化生活的实践一直保持着联系，这是她切入社会现实的一个独特的窗口。虽然中断了小说创作，但她的文字锻炼始终没有中断，并且日渐进步，获奖便是证明。这就为她人到中年之后重新开始的小说创作做了相当充分的准备。

我还注意到，这三个中篇对其所描述对象的职业生活，作者了解得相当专业，这也是有原因的。雅安在编辑部工作时，曾分管过广告业务，为此去参加过广告培训班，结识过不少广告人。她弟弟又是画家,她自己也曾学过绘画,大量阅读过这方面的书籍以及美术史著作。这就可以理解她写起她所描述对象的职业生活来为什么会如此游刃有余了。

读了雅安的三个中篇小说,欣喜之余,以为可以对她寄予更多的期待。

是为序。

2003 年 7 月 19 日

序《想去看雨》

想去看雨，想共在一把伞下去雨中漫步，想在伞下相携相拥喁喁私语共看那自天而降带来清新带来湿润的雨丝，共呼吸那含着丰富负氧离子的新鲜空气。人行道旁的树叶被雨洗得透亮，人行道被雨冲得干净，在雨中的人行道上，脚步就敲打出了音乐，就敲打出了对生活对爱情依恋无限向往无限的歌。那是两人的合奏两人的合唱，是心与心的交融默契与重叠。

想去看雨，想重温往日的诗情。往日时光已流逝而去，那情景已不会重现，只剩下在记忆中自己酿就的一杯苦酒，灼痛着苦涩着酸楚着自己的心。还愿意品尝自己酿就的苦酒，心还在，总比心已死好。

这大约就是李东红在《想去看雨》这部小说中讲的故事。

在谈论《想去看雨》这部小说时，年轻的东红向年老的我说，人,要学会珍惜。这大约就是这个故事的魂之所在了,是东红想要告诉他的所有读者朋友的。珍惜,是人们常挂在嘴边的最为普通的词,要真学会还真不容易。当拥有时,并不懂得,常常是失去时,才痛切地想起这个词的沉甸甸的重量,沉甸甸地压在心上。拥有时就学会就懂得就呵护这个词的人们,有福了。

问题是,什么是该珍惜的?爱情是该珍惜的吗?视爱情如游戏与视爱情如珍宝的人们,会给出不同的回答。《想去看雨》的作者东红给出的答案是后者。东红的这种情怀,在前卫思潮风起云涌之际,显得相当古典。唯其古典,反倒弥足珍贵了。

故事发生在省城纷纭的社会生活中,各色人物频频亮相穿行其间,离你离他离我都很近,朴实清新的文字将故事编织得很好看。有意思的是,在情节的运行中作者会情不自禁地讲一点儿法律常识,因为是情节运行中,也就自然天成了。

东红在大学本科学的是新闻专业,同时获法学学士学位,在一家法制报做记者,这就规定了他要站在法的一边也就是正义的一边去观察生活。今年春天东红已有四十余万字的新闻作品《新闻观察》面世。他也写散文,并曾获奖。如今又推出小说《想去看雨》,我读后,欣喜之余,随意写下以上文字,表示我对我的年轻而古典的小朋友东红的祝贺之意。

2004 年

序《红桑葚　紫桑葚》

这是一部多人的散文集，选自《濮阳日报》自 1984 年至 2004 年的副刊《金堤》所发散文，时间跨度二十年，计选四十五篇，可算是精选。

多人选集的好处就是多人，多种视角，多样风格。我读这本散文集就看到，或回忆童年，或怀古幽思，或礼赞劳动，或寄情山水，或追忆往事，或追问历史，或哲理思索，或牵挂亲情，或讴歌时代，各有不同。对美的欣赏与追寻，则是诸位共同的旨趣。

多人的散文选集，坊间所见多矣。每年都有年选，多个选家编选，多家出版社出版，多种版本争相亮相。我的散文，在二十世纪九十年代和新世纪之初，就曾偶尔人选过。这种年选，为一年结下的散文果实，当然是可看好看的。还有十年的、百年的散文选集，应予以特别关注。谁让人家是经典呢？

在报纸、杂志上，散文无所不在；专发散文的刊物，专选散文的刊物，也应运而生；各类散文评奖，也锣鼓咚锵地出台。上个世纪八十年代以降，散文这一文体逐渐红火起来。不单是散文家在写散文，小说家、诗人、评论家、学者、教授，皆涉猎这一文体。不单是文学圈内人在写散文，演艺界、主持人，也借助散文记述他们的艺术人生。不分职业，白领蓝领；不分性别，红男绿女；不分年岁，老人少年，都有话要在散文里说。于是，散文就铺天盖地而来，真个是乱花迷人眼。说明什么呢？我们确是个散文大国。此其一。改革开放，都有话要说。此其二。

我只是偶写散文，当然算不得一个散文家。对当今散文的阅读也有限，大多的情况是在每期的《散文选刊》上选几篇看看（顺便说一句，这个《散文选刊》于 1984 年创刊时，我是个“始作俑”者），当然也算不得一个散文研究家。上个世纪末，我出任过首届鲁迅奖·散文、杂文奖评委，向别的评委学习的关于散文的一些所得，到现在也有些模糊了，因此，对散文之事只能说自己的感觉。我写散文，有个态度：情之所至，有感而发。情不至，感不来，我写不出散文。有个原则：非虚构。叙事之事不可虚构，抒情之情不可虚构。事虚构不是散文是小说，情虚构不是真情是矫情。对虚构的散文我视之为伪散文。我对散文的阅读大体也如是。阅读到的散文，并不都喜欢。喜欢与否，按我的标准。标准也简单，就是看它是流出来的，还是做出来的。流出来的，就喜欢；做出来的，就别扭。

现在回到这本题为《红桑葚　紫桑葚》的散文集中来。不能说篇篇喜欢，可以说大多喜欢，总体喜欢。理由已经说过。

蝉儿出没的时节，杜梨树，父亲的帆，像儿时的河水一样流逝而去永不复返的童年哟，湿润地留在记忆里永不干涸的童年哟。红桑葚紫桑葚，不单染我目光而且唤我味觉。童年回忆的这些篇章，暖人心窝，湿人眼眶。怀古幽思，追问历史，登戚邑楼，斜风细雨老龙头，月映刘陵，回眸日月山，挂剑草，鱼山哀歌，吹拂来远古的厚重与雄健之风，敲击你今日思想的键盘。拾麦子的娘，银线牵梦到春江，也会牵你的梦到娘的膝前。忘情山水间，六月雨，丽江的雨，剪花女，杏儿，八月的凤仙，情满濮水，都是美的。剩下的江南，美得让人心疼心酸。《你在伞里吗》和《外姓人》，将人性的至美展示给你看，不相信你不会感到湿润和温暖。凡尘三叩，一条河一棵树一只鸟，怎么就瘦了枯了死了？人类怎么了？这叩问是痛心的，这怅然是无边的……

情不自禁，快要写成读书笔记了，够啰唆的了，就此打住。我想告诉读者的是，以我的阅读经验，以为《红桑葚　紫桑葚》，也是一本可看好看的散文集。

还是要再啰唆几句，说一说此书的主编田迎春，不说不快。

一个女性的温柔名字,实则一条彪形大汉。迎春编《濮阳日报》副刊二十年矣。这张报纸的副刊,在报纸的副刊中是好看的有品位的。从某种意义上说,这本多人的散文集,也可以说是田迎春二十年来耕耘所结下的果实。早在上个世纪八十年代,迎春就有作品入选《中国新文艺大系·散文卷》,他当然是有相当高的审美情趣的。二十年来甘为他人做嫁衣,这种幕后的默默无闻的劳作,特别令人尊敬。

是为序。

2004 年

美丽的落叶

青勃年长我十岁。1950 年初我与他开始在河南省文联这个单位共事,至 1991 年末青勃因病于七十岁去世时,我们共事了四十余年。四十余年中,都碰见过风雨,都遭遇过坎坷,两次被放逐去农村改造,改造回来就又重新相聚,相聚时常比邻而居。青勃待人诚恳,青勃夫人珊民是位善良的大姐,是好邻居,与这对夫妻比邻而居,是好福气。

不论在年岁上还是在文学上,青勃都是我的兄长。初识他时,我只是个懵懂的少年,青勃已出版过《号角在哭泣》《巨人的脚下》两本诗集,诗集中许多诗受到朱自清、艾青、臧克家等文坛前辈由衷的赞赏,在海内外广为传诵。上个世纪五十年代初我曾在编辑部工作过,青勃是我们的领导,感受过他严谨认真、一丝不苟的工作作风。兄长也好,领导也好,不妨碍我们成为朋友，彼此直呼其名，异常亲切，有时就取其名字的第一个字，叫他“小青”，他也愉快地答应。诗人青勃一生都保持着这种童心。他工资比我们略高，烟比我们吸得好些，茶比我们喝得好些，也喝有品牌的酒，但并不贪杯，每逢有小聚会，他总是抢着付账，他常有诗作发表，自以为稿费也比我们多呢。

印象中，青勃在生活中随遇而安，无所索求，没听说过他在级别、职务、职称、工资、待遇、住房条件这些事情上麻烦过什么人，他的心思全都用在他的诗的创作中。在生命的最后在病榻上，青勃有《草叶的话》：草叶说/我什么也不乞求/我不要可以驰马的场地/我只要一撮泥土/我不要无边的宇宙/我只要一缕太阳的光束/我不要珠宝/我只要一滴早晨的露。这首小诗，的确可以作为他生活态度一个侧面的写照。

苏金伞年长青勃十五岁，青勃年轻时就与金伞相识，两位诗人结下终生的深厚友谊。青勃去世时，金伞已八十五岁高龄，有《哭青勃》，其中有这样的诗句：青勃一死/我的身体失去了平衡/近两天跌了一跤/额角都碰破了/青勃像一条老蚕/通身透明，抽出的尽是诗丝/洁白强韧，抽出来沾手的丝。

知青勃人者知青勃诗者，金伞也。

读《青勃诗选》，愈读愈感到那洁白强韧，愈读愈觉得那抽出来的丝之沾手。的确是的，这通身透明一条老蚕样的诗人，从他那诗心中吐出的诗丝，不可能不是这样，只能是这样。

青勃祖籍河北隆平，后迁居天津，为一邮电工人的儿子。1936年，他十五岁在正定中学读书时，就在学校的刊物《惊蛰》上发表了处女诗作《走出空空的屋子》。这年寒假他回家乡隆平度假，组织宣传抗日的大众救国团，遭县警察局追捕。翌年"七七"事变后战火燃到了青勃的家乡，这位少年爱国者搭上去武汉的难民车，开始了他的流浪生涯，住难民营，当报童，做校对，流浪途中有悼念抗日阵亡青年的诗作《永生的喇叭》在《时调》发表。后又去战时工作团学生队做抗日宣传工作。不久，脱离国民党部队，去洛阳《阵中日报》做副刊编辑，时在1943年，青勃二十二岁。当年冬天有《冬天的树》问世，诗中写道：春天不来/冬天的树/死也不悬挂/红花绿叶/欢迎的旗子。

青勃目睹和经历了上个世纪四十年代初河南的大灾荒，饿死三百万人的这场大灾荒，塑造着诗人悲悯的诗魂，激发着诗人愤怒的诗情。他写下许多诗篇描述这场灾难的深重，揭露国民党反动当局假救灾的丑恶，是年轻诗人青勃创作的井喷期。六十余年过去，他的这些诗篇，如今读来仍令人或潸然泪下或拍案而起，是极富感染力的。读青勃的这些诗，使我想起年长青勃十岁的报告文学作家李蕤，他当时写作的长篇纪实文学《豫灾剪影——无尽的死亡线》。青勃的诗与李蕤的纪实文学可以放在一起读，异曲同工。那场灾难早已消逝在历史的烟云中，那场灾难，如今的人们是不该淡忘的。

1946 年，对于二十五岁的青勃来说，是他生命中的一个重要年份，这年他在郑州《春秋时报》任副总编辑时，加入了中国共产党地下组织，成为光明的中国与黑暗的中国决战中站在光明一边向黑暗搏斗的有组织有觉悟的战士，他的武器就是他的诗歌，他的诗歌证明着他的忠诚和英勇。这位少年爱国者，走过十年漫长的路，成长为一位自觉的革命诗人。

在痛苦的期待中/三遍鸡叫/宣布了黑夜的溃灭/打开门/浓浓的灰蒙蒙的雾/回漫在中国的早晨。(《中国的早晨》)这是青勃眼中 1946 年的景象。

好凶的风！/但是，风/你用劲地吹吧/灯，不止三盏/不止三万盏/你看/那里的灯/又亮了/像满天繁星/一亮就是一大片/等不到所有的灯/被你完全吹灭/(怕你也没有这本领)/黎明便会到来(《预言——悼李公朴闻一多陶行知三先生》)。这是 1946 年青勃发出的预言。

千万双手/叩响着门环/叫声汇成大海的浪涛/向紧闭的门冲击/历史要打这里通过/闪开路吧/门能挡住什么呢/而且，你看那墙/就要倒坍/人民越来越多/紧闭的门外/人民的愤怒/一秒钟比一秒钟高扬/人民的力量/一秒钟比一秒钟壮大/等他们/在门外爆炸/一片宫殿便会变成旷场(《叩》)。这是 1946 年诗人的呐喊。

还有：

不要安眠药片/不要酒/要死/死在敌人的枪弹下/把胸膛给兄弟们作桥板(《死的道路》)。

拥抱那脚踏人民的/摔不倒他/就连自己一起/滚到山谷里(《拥抱》)。

太阳的舌头/要能创造一个新的奇迹/愉快的秧歌的声浪/流响在碧绿的海洋上/农人从财主的脚下站立起来/田野出现了收割机/科学和田野谈起来恋爱(《八月的田野》)。这是诗人1946年时的梦想。

1947年冬天,诗人听到《耳语》:没有鸟雀的秃树/没有花果的园林/没有歌唱的小河/没有绿色的土地/没有阳光的城市/没有声音的乡村……/耳语着——/春天就要来。

当时即产生重要影响,至今读来还为之震撼的,是《苦难的中国,有明天》:冻结的日子/有火/月黑夜/有灯/沙原上/有骆驼/土地下面/有种子/堤岸里头/有激流/鞭子底下/有咆哮/被欺侮的/有仇恨/穷苦的人/有骨头/哭泣的天空/有响雷/打抖的冬天/有春梦/血汗灌溉的地方/有不凋的花/苦难的中国/有明天。

1946年诗人节,青勃著《子弹·射击不倒歌》。诗中写道:没有普希金宫/没有马雅科夫斯基广场/我们只有屈原的汨罗江/和闻一多的昆明的国度//不/艾青站在绿了的山坡上/歌唱劳动英雄/田间在人民的城市/把大鼓擂响/写《画梦录》的何其芳/也在唱《夜歌》啦//江水被诗人奔腾的热血/鼓起群浪/子弹/射击不倒歌。

鼓起群浪的诗人奔腾的热血,有青勃的血;子弹射击不倒的歌,有青勃的歌。

诗人期盼的、向往的、预言的,为之奋斗为之呐喊的明天——春天终于到来,人民解放战争全面胜利,中华人民共和国建立。两个中国的决战以光明的中国胜利而告终。这是人民的春天,当然也是诗人青勃的。诗人与人民一起雀跃一起欢呼一起歌唱。青勃心中充满歌颂的激情,歌唱新中国歌唱新生活,他把这些歌唱新生活的诗作结集于1957年出版,名曰《乐园集》。人民的乐园,当然也是诗人青勃自己的乐园。也是1957年,诗人被驱逐出了乐园,他自己的乐园。他被戴上资产阶级右派分子帽子,成了人民的敌人。诗人的第一反应定是茫然不知所以。历史真会开玩笑。那场扩大化的反右派斗争已为人们熟知,不再赘述。

复出之后,青勃不顾已届花甲之年,或与人结伴或独行,跑了许多地方,去阅览祖国的多娇江山,留下许多山水诗。借景抒情,这些山水诗都寄寓着诗人对祖国的爱恋。晚年,是青勃诗创作的又一个高潮。

张宇有《"同居"泰山的作家们》一文,追记了青勃与几位小说家结伴登泰山的情景。我推算那时间大约在上个世纪八十年代中期某年的初春或是深秋，青勃当在六十五岁左右，当然是他们一行中的年长者，分别比同行的几位小说家徐慎、乔典运、叶文玲、张宇年长十岁二十岁三十岁不等。那天他们坐吉普上了中天门，坐缆车上了南天门，从南天门上玉皇顶就要靠步行了，当晚若赶不到玉皇顶就看不成次日的日出。有两派意见，两派小说家都看着这位诗人这位长者，青勃说："看我干啥？你们都住下来，我一个人也要上山。"上到玉皇顶，天色已晚，人满为患，找不到地方住，赞成派着急反对派埋怨，青勃说："找到地方就住，找不到地方就不住，咱们是来看日出的，又不是找地方住。"终于有小说家想出绝招，去向驻军求援。青勃对此并不关心，却说："这泰山夜景也很迷人。"年长的青勃不在意玉皇顶上那初春的或是深秋的有寒意的夜风。这就将诗人的浪漫与小说家的现实区别开来。我前面说过，在生活上青勃随遇而安无所索求，那是指物质层面的庸常生活，当涉及精神涉及诗意，青勃则表现出截然相反的姿态。青勃就是这样拥抱自然拥抱社会拥抱世界，这才滋养着冶炼着成就着青勃的诗。此行，有《泰山日出歌》。

"我的永远的声音是俄罗斯人民的回声。"青勃将普希金此话作为自己的信条。普希金在《先知》中还有句话"用语言去把人们的心灵点亮"。青勃正是如此做的。别林斯基在《智慧的痛苦》中说："诗是直观形式中的真理，它的创造物是肉身化了的观念，看得见的，可以通过直观来体会的观念。”读青勃的诗，这种体会扑面而来，都是：洁白强韧，抽出来沾手的丝。感于哀乐，缘事而发。白居易老人家此言甚是。

朱自清赞赏青勃的《叩》：“走到人民的队伍里，用诗作工具和武器去参加那集体的生活的斗争。”臧克家说：“青勃的诗风，恰像他的这个名字——青勃。”艾青认为，青勃是抗战时期进步最快的青年诗人之一。司马长风在《中国新文学史》（香港昭明出版社 1978 年 12 月版）中评价青勃：“名不如田间，诗胜过田间。”青勃对此作出回应：“司马长风把我和田间并列，并加以比较，使我受宠若惊。田间是著名的诗人，比我写得早，写得好，在中国诗坛功绩卓著，贡献很大，他是我尊敬的老师，在诗歌战线，我不过是普通一兵，而田间同志则是将军。……司马长风先生说我名不如田间，诗胜过田间，前一句话是客观事实；而后一句话则不免有些溢美之词了。”司马长风的评价和青勃的回应都且暂存。

青勃一生出版十数种诗集，生前总想出版一部反映自己创作历程的诗选，未能如愿。我面对的就是青勃生前自己编就的《青勃诗选》，如今终能面世，当能慰藉青勃在天之诗魂了。

青勃自选的诗选里，有两首诗未及收入，都是在病榻上所写，一首为前面所引《草叶的话》，另一首为之后的《落叶》。珊民大姐作为青勃遗诗将其收入。

青勃在病床上,用左手写下他诗的生命的最后一个乐章,画了令世人叹惋的他生命的诗的惊叹号。且看《落叶》:

果子都摘尽了/葱绿变成金黄/我是秋天的信息//静悄悄地/静悄悄地/轻轻飘坠//明天吗/未来/我有三种命运//或者/被少男少女捡起/珍藏于书页/变成脉络裸露的标本//或者/被勤劳的小姑娘扫进筐篮/填进灶火或田头的火堆/化为灰烬//没有悲伤/不用惋惜/在寒风中旋舞歌唱/在雪花中嬉戏/最后被暴风雪覆盖/变成春泥。

美丽的落叶。

青勃的绝唱。

2005 年 2 月 24 日

遥寄晓杰

与晓杰相识于1956年。那年春天，北京有个全国青年文学创作者会议，是中国作家协会和共青团中央共同举办的，意在培养文学新人，河南省去了十二位与会，我也去了。当年冬天，大约是11月吧，河南省也学着开了青年文学创作会议，在咱们省的这个会上，当年任省文联副主席的苏金伞做了报告，我也扮演了传达全国青年文学创作会议精神的角色。在这个会上，一群年轻的诗人老围着他们的偶像苏金伞和青勃转，亲热不够，这群年轻的诗人中就有杨晓杰，算起来那年他二十二岁，还未脱去军装，风华正茂，不用说了，印象中还挺英姿飒爽的样子。

1957年的那场风暴，轻易地就将1956年的花开春暖吹得无影无踪，老人新人中的许多人都在那场风暴中遭遇劫难，晓杰也未能幸免。运动接着运动，我在农村辗转改造，很长时间不知那位英姿飒爽的晓杰身在何处。

七十年代初，我从农村回到省城，暂住在工人新村某三层楼上会议室改造成的房子里，某日，杨晓杰和于忠民来访，才知道晓杰与小于一起在省广播电台工作，这是与晓杰谋面十八年后的首次相聚。小于也是省第一次青创会的参加者，颇具才情势头正猛，也在那场风暴中沉没。那时他们俩与周玉迅一起组成省电台的党支部，算是电台的领导班子。玉迅早在五十年代初就在省文联做过秘书，是老熟人。那时候被砸烂的省文联建制远未恢复，我们这些陆续从农村回来的搞创作的人都临时"寄存"在省群众文艺工作室，说是落实政策，仍搞创作。只是不情愿地跟着单位参加什么批林批孔评法批儒反击右倾翻案风等名堂众多的运动，运动套着运动，运动得国无宁日人无宁日，那样的氛围，哪里还有什么心境创作？无作可创。晓杰他们负责一个单位，当然忙，只是偶来小坐，说些这样那样的信息，也算给我当时闭塞孤寂的心打开了一扇窗子。

七十年代末，晓杰到省文联作家协会工作，这才在一起共事。在河南省，作协未单独建制，归文联管。作协人手少，晓杰在做副秘书长之前和之后，都是按照文联党组和作协主席团的决定，协助秘书长做些具体工作，处理一些日常事务，如文件的起草，座谈会研讨会的筹备和会务，会后新闻稿评述稿的撰写，

《河南作家通讯》的编务,迎来送往的一些繁杂事宜,其间还兼着作协管的《大河》诗刊的主编。麻雀虽小,五脏俱全,头绪还是蛮多的。以晓杰的能力,做起来都游刃有余。任劳任怨,态度也堪称道。还不时有诗文问世。

晓杰注意仪表,衣服总是穿得干干净净整整齐齐,头发也是打理得整整齐齐干干净净。但我能觉察到他内心的痛苦,其一,他唯一的幼小聪颖的爱子的病痛和夭折常折磨他;其二,他是个善于独立思考有才情有创造性的人,但他未获得一个发挥的平台。我觉察到了,但也爱莫能助。

晓杰于五十七岁时患脑溢血,经开颅抢救,生命又延续了五年,在六十二岁时辞世,也算是英年早逝了。

晓杰的诗文,皆为工作之余所作,自上个世纪五十年代初到九十年代初,近四十年,若不是对文学有着解不开的爱恋,是不会坚持得如此长久的。有眼睛为之一亮之作,如《访查家》《哭郭小川三题》。晓杰自己看重的当是他的倾心所作的长诗《国魂》。相对于新诗来说,我倒更为欣赏他的旧体诗词,以为在旧体诗词中他的感情与才情更能得到充分的表达与发挥。如《寄华山同志》《水调歌头·和华圃兄见寄(并序)》《次韵华圃蓉城见寄》《难忘曲寄华圃》《以诗代柬寄于雁军同志》《早春和于进》《读忠民自嘲诗有感》《嘲大佛》《示长女》等,我都比较喜欢,以为是精彩之作。他于七十年代所写林县的系列诗文，值得珍视。

晓杰有谈诗的近三十篇文字，证实着他对诗歌这一形式的确有着艰苦的学习和独立的思考，证实着他关于诗的学识渊博底蕴深厚。我读来也颇为受益。

观察一个人可以有一种方法或者说一种角度，就是看这个人结交什么样的朋友，可以从他所结交的朋友反观这个人，就会大体上知道这是个什么样的人了。晓杰所结交的朋友中，华山，也是我的朋友。郭小川，我也曾于七十年代中期在林县招待所华山的房间里与他晤谈，并到林县医院去看望过他。且不说他们是著名报告文学作家著名诗人，他们都是正直的人优秀的人，且在"文化大革命"的彼时彼地，他们都处境艰难是受难的人，晓杰与他们建立了深厚友谊，就更弥足珍贵，如此，方能写出《哭郭小川三题》《一颗心似火三寸笔如铁》这样感情真挚的诗文。后者，对研究郭小川更提供了珍贵的史料。

晓杰与穆青也相熟，上个世纪八十年代某日，晓杰跟我说穆青到郑州来了，要不要见见，我欣然跟晓杰去拜望了穆青，那是我与穆青的唯一一次谋面。那时《散文选刊》定期推出某散文家的小辑，穆青当时是《散文选刊》的顾问，我建议《散文选刊》推出《穆青散文小辑》，几篇散文选好了，按照惯例还要有一篇对穆青的评论，我约了两位，未果，小辑暂时搁浅。后来晓杰去北京出差回来，说是在穆青家中的案头上摆放着近几期的

《散文选刊》,说明还是挺喜欢这个刊物的。并捎来穆青的口信,说是关于他的散文的评论就请我来写。于是,我就写了《穆青散文印象》一文。小辑推出不久,穆青题赠《穆青散文选集》,请新华社河南分社的同志捎来送我。时在 1987 年。

今年初,在晓杰逝世九年之后,他的三女杨桦送来她大姐鸿雁整理的父亲的遗稿《赤子情怀》,要我作序。我当即读了鸿雁所写的后记《难以忘却的记忆》,这篇对父亲充满深情的长文使我颇受感动。由于特殊的原因,我既无心情也无时间坐在案前,致使这篇序文拖了半年之久,真是抱歉。

小川、华山、玉迅、穆青都已陆续作古,前些日子忠民的女儿从安阳来电话,告知她父亲去世的噩耗。年长于我的年轻于我的,都渐次远行,我真的怆然。

顺便说一句,你的长女鸿雁、次女鸿飞、三女杨桦都生活得很好,小女杨枫去年赴英国深造,她们都尽力孝敬母亲,都是好闺女,当可慰你在天之灵了。

心情不好,杂乱写下以上文字,算是我遥寄对你的怀念之情吧,晓杰。

2005 年 6 月 18 日

序《烧把小火》

李光照同志要出一本杂文集，名为《烧把小火》，嘱我作序。

我和光照相识于上个世纪四十年代末的河南日报社，五十年代初我转至文艺界工作，与他虽相知，平时交往却不多，至上世纪八九十年代，又相遇在河南省人大常委会，就对他多了一点儿了解。光照一生从事报纸广播电视工作，是资深的新闻工作者，后来走上新闻工作领导岗位，官至省广播电视厅厅长。在省人大常委会里，光照是爱发表意见的委员之一，记忆中，没有一次例会他不发表意见的，他发表意见，直截了当尖锐犀利，从不遮遮掩掩，从不怕得罪什么人，而且言之凿凿，充满自信，或者还有不容辩驳的几分执拗。听了几次他的发言，就觉得他的发言颇有个性和风格。在我心目中，光照是个负责任的省人大常委会委员，他在认真地履行他的职责。因为年龄关系，我在省人大常委会里比光照多待了一届，听不到光照的声音，还真的觉得少了点什么。

读《烧把小火》，就不由得回忆起在省人大常委会和光照相处的日子，不时听到他发言的时光。因为《烧把小火》里的文字与他那些发言的个性与风格相同，是同一个李光照。

《烧把小火》收有一百六十余篇文章，其写作年月从上世纪五十年代始，迄今跨越了半个世纪，其内容涉及计划经济时代和市场经济时代社会生活的诸多方面，都是百姓关心之事。始终跟踪百姓关心之事，这是一个新闻工作者的职责要求和良知所在，理当如此。许多篇章为从厅长的岗位上退下甚或从省人大常委会委员的岗位上退下后所写。你一个离职休养的老头儿，不好好休养生息颐养天年，还在那里关心这关心那，依然笔耕不辍，干吗呀你？这就叫难能可贵。

烧把小火，靠什么烧呢？靠胸中依然在燃烧的热情。那从青年时代就燃烧起的热情，并未因为年岁的增长和日渐衰老而稍减，它依然在指令着这个叫作李光照的老头儿关心百姓之事，将所闻所见所感所知诉诸文字。对自己内心发出的指令，他不敢稍有怠慢。这就是我对光照的状态的猜想。

这种状态当然是健康并美好着。颇令我羡慕。

本书的开篇之作《杂文姓杂》，意在为杂文定义，意在证明他此书所收皆可称作杂文。从中就又读出他的执拗来了。我只是偶写杂文,对杂文也未作研究,对此不敢妄加评论。杂文也好,时评也好,随笔也好,等等,这些文体之分,我以为,相对于年近八十岁的光照那颗依然在燃烧的心来说,都是不重要的了,都是可以忽略不计的了。

若说建议,设想如果那文字能给读者更多的联想空间,更美的艺术感受,更超越时空的隽永回味,会怎样呢?又想,这不是蓄意破坏光照文字的个性与风格吗?愚蠢的建议!那么,我就赶忙将这愚蠢收回,依然将自己装扮成聪明的样子。

2004 年

序《编外文谈》

近年来，如偶有随笔之类的文字，立意、篇幅适合在报纸上发表的，我乐意给《大河报》。副刊的诸位对我的文章还持欣赏态度，也不时向我约稿，如此，与诸位编辑就有些交道，作者与编者的交道，日子久了，就成为朋友。在我这个老者看来，这是些有生命活力有敬业精神的可爱的少男少女，立功就是其中的一位。

立功到大河报工作已经十二年，他的而立之年是在这里度过的，十二个春秋过去，如今到了（或接近）不惑之年，有朋友看过他这些年来写下的文字，鼓动他编本书出版，于是就有了这本《编外文谈》。

《书边杂写》《文坛艺苑》《世相漫议》，按内容的不同分为上述三个部分，组成这部《编外文谈》。读书，参与文艺界的活动,对社会的观察,皆为有感而发不吐不快者。涉猎面广,但多与他的本职工作编辑这个行当相关。立功编过《河之洲》,后又新辟《茶坊》,向普通作者敞开的一个更大窗口。他负责要闻部时评版后,仍坚守《茶坊》,工作够繁忙,节奏够紧张,挤压得业余时间更加狭窄。洋洋数十万言的文字就是在如此业余的状况下流出,够辛苦。

我对立功其人的印象颇佳,大体上就是热忱、质朴、勤恳、坚韧、敬业,如此这样一些词组,好像在为某某人做鉴定。一笑。但我并不认为这是对立功的溢美之词,的确是我对他的印象,印象如此,也没有办法。

因此,当立功打电话来说要我为他写点文字时,即请他将书稿送来。这部书稿中的某些篇章,发表时我读过。怀着多少有些欣喜的心情进入阅读,一篇篇看下来,大约用了三天时间,算是仔细,个别用词语气说法我以为不妥帖处,也做了记录,拟向立功提出建议。现在可以对这本《编外文谈》说点感觉,说点对立功其文的印象。

读书相当多,相当广泛,不仅限于本省的小说新著,也涉及传记、诗歌、童话、评论等,更常去旧书摊淘些有价值的旧书,如《老舍与读书》等。立功读书,酷爱的还是鲁迅,书中谈他读鲁迅的文字有多篇。《书边杂写》,说他个人的读书心得,不经意间,对年轻人的读书也有种健康的导向作用。

对河南文坛艺苑的某些活动，作为副刊编辑的立功有机会常亲历其间，对这些所见所闻，他多有夹叙夹议的记载，虽为片断，这些世纪之交的文坛艺苑活动作为文字留存下来，将有其史料价值。

负责时评版后，更多地接触时事，更打开了立功的眼界，于是，便有《世相漫议》这组相当老辣的文字出手。

立功有平民意识，他的文字持民间立场，能反映人民的诉求。文如其人，立功的文风也是热忱质朴的，不媚俗，不张扬，叙述明白，说理清楚，议论到位，常有新见，藏而不露，犀利蕴在其间。某些篇章的叙述文字略嫌冗长，若更凝练些，则更佳。

读完《编外文谈》，印证了我对立功的印象，就十分高兴。

立功告诉我，《茶坊》版面上署名小雨的插图，就是他所作。这些插图也将辑印成册，由另一家出版社出版。小雨即立功，立功即小雨。我惊喜地看着这个立功、这个小雨。我真的惊喜。那些直观的插图，我大多看过，也大多喜欢。飘逸，潇洒，灵动，想象力极为丰富的写意。我随口问，你学过美术？立功答，没有。质朴与灵动，立功与小雨，这是一个人吗？果然是，此人就坐在我的面前。却原来，质朴与灵动这两种风格是可以融为一体的，我眼前的这个立功、这个小雨便是证明。我就遐想，如果立功将质朴与灵动都融进他的文字，则他的文字必将行之更远。这便是我惊喜的理由。

杂乱写下以上文字,算是我对立功的祝贺,也是祝愿。

2007 年 7 月 1 日

《冷文赤语集》序

和李冷文相识于 1950 年。我在河南省文联，他在洛阳市文联，同在文联系统工作，开会总要碰面。上世纪五十年代中期，我曾在拖拉机厂体验生活，去洛阳，常先在市文联落脚，有时还在那里小住一二日。与冷文的交往颇多，但说不上深，对他只有浮泛的单一的了解，以为只是一位文艺工作的组织者、活动家，一位善良的热忱的兄长。

后来，由于各自的遭遇，就断了联系。不赘述。

近日有机会阅读五百余印刷页的《冷文赤语集》，惊喜伴随着我的阅读进程，这惊喜不断丰富着我对冷文的了解。还有份特别的亲切，因为冷文不少散文篇章中所描述的当代文艺界人物，许多都是我熟悉的，不少也是我的朋友。

情不自禁，我要先引用冷文写于 1945 年、1946 年、1947 年的三首诗，半个多世纪前的这三首诗，我也是从这《冷文赤语集》中第一次读到。

《茫然》(1945 年 3 月)。花信风吹来了/迎春花开了/小草绿了/柳树萌芽了/春风和荡/春光那么美好/可是茫然涌上了我的心头//啊！/国事是非/帝国主义的铁蹄在我们的国土横行//我们的战士还在浴血抗争/祖国的骨肉同胞/还生活在水深火热之中//我们茫然了/我们能如何不茫然//茫然/就要认真地思考/才能不辜负/美好的春天！

《火的歌》(《星火》周刊代发刊词。原载于 1946 年 1 月 10 日《星火》周刊创刊号)。火的队伍/我们的图腾是火//我们信仰火/我们高擎火炬/火炬是我们的队伍/我们向往光明/我们厌恶黑暗/我们的战神是——普罗米修斯//我们信奉/是火创造了文明//火是有威力的/火可以焚烧一切丑恶/火可以涤荡旧社会的一切//我们歌颂火/我们坚信星星之火可以燎原//我们高举火把前进/我们的队伍向太阳/神火万岁！……

《黑土带》(题记：真正的诗只有、只可能在凌晨的刹那间的空隙写出……写于 1947 年阴霾的一个凌晨。刊登于 1947 年 10 月开封《民权新闻》晨曦副刊)。这里没有日光/这里没有月光/这里没有星光/这里没有丁点儿火光//这里是黑土带/这里的天是黑的/这里的地是黑的/这里的官衙是黑的/这里的官是黑的/这里的衙役是黑的//这里没有真理/这里的法律条文全是黑的//这里是可怖的/可怖得令人窒息//黑暗把人都窒息了/把一切都虐杀了//黑暗还能肆虐多久/黑暗崩溃了/黎明还会远吗//听雷声响了/霹雳闪了/黑土带要彻底瓦解了！……

洛阳老城县前街李家学屋的后代李冷文，出生于1926年。在1945年春天迎春花开了的时候，茫然却涌上这个十九岁洛阳青年的心头。但他已学会在茫然中认真地思考，在抗日战争胜利前夜黎明前的黑暗中，企盼那个真正美好的春天的到来。那个春天如期而至，那就是浴血抗争结下的抗日战争胜利的果实。于是就有了《火的歌》，这也是十九岁的他进入二十岁时送给自己的成年礼。次年，又有《黑土带》。从这三首诗里，可以看到在光明中国与黑暗中国的决战中，这个青年的坚定身影。他参加进步的诗社活动，他参加反饥饿反内战游行以致被国民党反动派当局逮捕，等等，都可以作为他这三首诗的注脚。

当黑土带彻底瓦解了时，这个李冷文理所当然地投入到新中国的建设中去，民众教育馆，文联，他将全部热忱都献给了这些文化单位的组织工作行政工作，这当然会局限和影响他的创作才情的发展，这就使得收到《冷文赤语集》里的文学作品就质和量来说，都与他的创作才情和激情不相称。更何况，从上世纪五十年代中后期至七十年代后期，二十多年间，他的壮年时期，又曾被历史误会地打入另册。且不说这是个人的遗憾还是历史的遗憾了。这就是命运！

命运。命。运。命是难以抗拒的。运是可以自主运作的。七十年代末，冷文复出后回文联主持《牡丹》复刊等事宜，也做得相当出色。这证明冷文的精气神仍在，从前是这样，现在还是这样，还是那个李冷文。

1982年，冷文转入地方志部门工作，他已届五十六岁。他主持或参与主持、主编或参与主编的地方史志书籍以千万字计。这且不说，他还写下许多有关洛阳古今的文字。读了这些文字后，我不由得惊叹：冷文对洛阳的读解，何等的精彩啊！那不仅是介绍洛阳知识的文字，而且将洛阳精神也呈现在你眼前了。我以为，这些文字当是《冷文赤语集》的华彩乐章。

已仙逝十年的诗人苏金伞，于上世纪八十年代曾有诗赠冷文，诗曰：洛水溶溶入梦中/何时重访牡丹城/临风西望怀故人/唯有冷文最多情。金伞比冷文年长二十岁，他们于上世纪四十年代中期就相识，算是老朋友。这首诗为金伞访洛阳回郑州后寄赠。金伞是性情中人，对友情最看重也最苛求。金伞说冷文最多情，那么，冷文的多情便是无疑的了。我还可以另加一种读解，冷文不仅对朋友，对事业对工作以至于对人生，都是真情投入的。这是我读了《冷文赤语集》后的一个收获。

年初，冷文曾有信来，说及要出一本书要我作序。我就一直等着书稿。他在省委工作的女儿和女婿送来书稿。我仔细地拜读过了，有感而发为文，就算作差强人意的序言吧。重要的是，借以上文字，寄语我的老友，六十多年的岁月已流逝而去，再不是那个当年的洛阳青年，已届耄耋之年，冷文，保重。

已仙逝多年的作家姚雪垠，于上世纪八十年代也有诗赠李冷文，允许我借此诗作为本文的结束。雪垠赠冷文的诗云：日日案头挥汗雨/笔端虎吼带雷鸣/经多实践思方壮/看破浮名意自平/晓色半窗迎鸟语/午荫满院落蝉声/窗前倘有低云过/瞩目遥虹赏晚情。

是为序。

2007 年 7 月

心中有块蓝湖泊

亲人、故乡、记忆、时光、生活、梦想、童年、伙伴、朋友、丈夫、女儿、小城……苦涩的,更多是温馨的,感恩之心浸泡爱恋之情湿润着的这些文字,可视为作者散落在这近四百页码印刷页上的精神碎片。将这些碎片串连起来,就是这个穿红格粗布棉衣的女孩成长为一位写作的女人的精神自传了。

朴实。真实。诚实。朴实是说文风。真实是说所反映的事物。诚实是说对读者的态度。诚实最重要。你要与读者交朋友,就要以诚相待。不要以为读者是好糊弄的,识破了你的不诚实,就会背对着你和你的所谓作品扬长而去。诚实与否,读者是检验者。

我算是个老读者,我对作品尤其是对散文的期待第一就是诚实。我对诚实的解读是,那文字是从作者心中自然流淌出来的，而不是做出来的。前者是真情，后者是矫情。我读《心中有块蓝湖泊》，感受到了文字的诚实，以为可以与之交往，于是就一路读下来，就得出了我在第一段文字中所说的那种印象。

最初读到“心中有块蓝湖泊”这个标题，只是种将信将疑的模糊概念。读完这本散文集后，才真的相信作者的的确确心中有块蓝湖泊。因为被爱与爱的交融互动，那湖泊荡漾着清澈明净的蓝色波澜。那是一湖活水，滋养着湿润着温暖着这个叫赵秀琴的写作的女人的心。于是，就从这心中自然流淌出也湿润温暖着读者的文字。

锄着玉米想着读书，听说村里谁有本小说，放下锄头就找人家软磨硬泡借了来，吃着饭将书当着菜就，边吃边看，算得上是一个书痴。少女时的处女作《麦收》，在安阳县文教局的油印小报发表，因而参加了“文革”后该县首次文艺创作座谈会。这可以算作赵秀琴文学生涯的开始。其间，去读了郑州大学中文系。小说、散文、报告文学、剧本、小品、小戏曲，多种体裁，一路写下来，那字数就以百万计，有小说散文集《送你一片红枫叶》、剧本《攻克安阳》，等等。好辛苦。至 2006 年，这个时至生命中秋的写作的女人获得河南省五一劳动奖章。可以看作社会对她写作劳动的认可。

秀琴的大部分作品，没有读过，不好妄加评价。但从眼前读过的这本散文集，可以猜测到她的写作状态，那也应当是有真情的负责任的写作吧。

秀为其神。故乡瓦店那片土地养育你，古都安阳古老又现代的文化熏陶你，奶奶姥姥父亲母亲丈夫女儿几代亲人的爱氤氲着你，初始写作就遇到了好时代，这时代呵护着你，你知道珍藏，你懂得回报，于是，有了美好心境，你知道，这心境不仅写作需要，也是做人之根本。小心培育，那心境如同小树，也会长大。

琴乃其声。从这种心境生发出的歌唱，才可能是真挚动人的。

秀为其神，琴乃其声。是我对《心中有块蓝湖泊》的大体感觉，也是我对秀琴未来写作的期盼。

2007 年 5 月

沈流其人其文

少年时受老师影响，热爱文学，追求进步思想。小小年岁的在校中学生，即有幸成为某民间进步报纸的通讯员，锻炼着最初的写作。及至大学，在大一至大三的三年时光里，写作并发表了五十余篇作品，小说、散文、文学评论诸种体裁俱有，并且还得了这个奖那个奖的。以当时的文学青年要求，从那文字看，还是有功力的，对生活也有所感悟。不仅在他所求学的国立西北师范学院，即使在当年的兰州，也是有影响的小名人，许多圈内人很少不知道这位“三月文艺社”的组织者沈流的，那是他二十岁出头的青春年华，那是他昔日曾经拥有的辉煌。是昔日，说起来都是六十多年前的往事了。1946—1948 年的往事。往事如烟？往事已矣。也不如烟，也不已矣，对于沈流自己，都真切而清晰。

在黎明前的黑夜的兰州，沈流也是反动派注意的人物之一，上了“二马”（马鸿逵、马步芳）拟抓捕的黑名单。少年时，曾想由故乡去延安，未果。后经人介绍参加了“民先”。这一次，为避开危险，走向光明，他从兰州回到已经解放了的家乡河南。解放区的天，是明朗的天。

沈流入中原大学学习，如沐春风。一路顺风顺水，在河南青年报、省教育厅编审科、河南人民出版社的编辑工作都有成绩，沈流甚为惬意。1953 年，国民经济第一个五年计划开始实施的第一个年份，沈流获得去丁玲任所长的中央文学研究所（鲁迅文学院前身）学习的机会，为第二期四十名学员中幸运的一员，这期学员中，有日后颇有成就的小说家邓友梅、玛拉沁夫、白刃，诗人张志民、苗得雨、孙敬轩等。沈流学成归来后，也要圆他的作家梦，曾长期到襄城县农村体验生活，参加农业合作化运动，其间写了两个电影文学剧本，因故未能拍摄。

沈流在《传略》中说：“反右之后，河南文联垮了许多人，宣传部调我回文联。”我就是那垮了的许多人中的一个，1962 年我从改造地回到河南省文联后，才知道沈流在编辑部工作，这才与他相处。沈流是笔名，原名申德滋。虽在一个单位，不在一个部门，且德滋性格内向，与他交流不多。印象中，他节俭、整洁，无吸烟饮酒等不良习惯，爱书如命，多少有点悒郁。

文艺界是个多事的界别，文联更是在屡次政治运动中首当其冲者，从 1966 年开始的十年动乱，河南省文联从斗批改到斗批散，终至被砸烂，单位建制撤销，人员各奔西东天各一方。待上世纪七十年代末重聚恢复中的文联时，青年已成为中年，中年已垂垂老矣。德滋仍做他的编辑工作，《奔流》《河南戏剧》，文学、戏剧编辑都做过，就是在为他人做嫁衣的编辑岗位上白头离休。

倏忽间，德滋今年八十二岁了，已过了耄耋之年。不由得喟叹：人生易老天难老。德滋选了他历年来的作品三十余万言，要出一本书，名曰《春华秋实》，要我说几句话。我面对这本书稿，思索良久，感慨系之。书中的这些文字，也是德滋的人生之一种，证实着他对这个世界对这个社会曾经说过些什么。我猜想，或者是，这个耄耋老人心里涌动着的更是他曾经想说得更多更精彩但终未说出的缺憾和无奈。德滋健康状况尚好，天若假他以年，他也必定会有继续说的冲动。有此冲动就好，这是生命的冲动。

说几句话，不觉就说得长了，权充作序。

2008 年 5 月

试读高治军

2005 年 10 月,高治军出版第一本诗集《我手写我心》,自序诗中作者写道:少年对诗已喜欢/曾有诗文传校园/手怕释卷古今览/魂牵心系伴流年/万水千山都走遍/奇景异地有诗篇/平等自由追新念/拙作不求藏名山。对这首自序诗的前两句,有诗为证,一首《奋斗》:伟哉沧海变尘/环球挥钺多人/自信人生百年/会当击跃昆仑。一首《自励》:树多枝而路多歧/有所取也有所弃/治军舍身为伐柯/竭尽吾力求大义。前一首写于 1980 年 9 月,后一首写于同年的重阳节。这年,他二十岁,弱冠,刚由少年长成青年。过了两年,1982 年,又有一首《自励》:人在千里外/魂牵一梦柯/人生须努力/不敢靡蹉跎。三首诗都写于在兰州大学求学时。甘肃兰州距他的家乡河南偃师,千里之遥。

这是我看到的高治军的最早的诗。肯定还有更早，只是他未收入诗集中。我看到的这三首诗，从诗艺上说，不显稚嫩，可以反证他此前必定有相当长时间的练习。且不论。

我更看重的是诗中直抒的这位刚由少年成长为青年的情志。1980年的《奋斗》与《自励》，可以说是高治军自己送给自己的成人礼。如今是2009年，时光流逝，高治军也将进入知天命之年，如果回望这已流逝了的近三十年岁月，高治军当会掂量出自己送给自己的成人礼的重量。

2005年的《我手写我心》之后，2007年有《浴春踏歌行》，2008年有《大河飞歌》《瀛海行》。四年，四部诗集。2009年他又将推出第五部诗集。高治军的诗情于新世纪始，于他不惑年后，呈井喷状，想必也是有缘由的。我猜想，这恐与他的工作环境变动有关。他从一家事务繁杂的行政机关调至一家报刊社做管理工作。这家报刊社出版十数种报刊，其读者全是校园里的学生和老师，这是进行精神生产容不得一丝污染的圣地，埋首各个编辑部里的男女在做着诗意的工作，有不少还在业余从事多种体裁的文学写作。这样的小环境，能不触动高治军憋闷在胸中已太久太久了的诗情而一发不可收吗?

四部已出版的及一部待出版的诗集，大约是千余首吧，一一看过。书中诸位的序言以及评论，也都一一读了。我注意到有人对高治军的新古体诗赞赏有加，我大体上持赞同态度。之所以如此说,有此等情况,有论家举例赞赏的诗,我并不喜欢,我喜欢的诗未见列举。各有所爱,也不必强求。

想说些另外的话题。年有诗集,几乎是日有诗篇。我最初的一个念头是,是否写得太多了?而这正是高治军所倾慕和追求的,例证是,他闻湖南一位诗友写得比他还要多,曾有诗咏之。这种追求是好抑或不好呢?颇费思量。

我琢磨高治军的状态,他写诗时的状态。想起一位诗人曾经说过:“只有心中有光,才能在生活中发现诗,才能在诗中照亮所歌唱的生活。”(这位诗人我记忆中是曾卓,待查)高治军心中之光在他成人时已经点亮,之后的岁月证明,那光一直在燃烧着,于是,他发现了生活中的诗,他在诗中照亮着他歌唱的生活。他歌唱祖国、故乡、高山、河流、飞禽走兽、草叶花朵、地铁、汽车、海洋蔚蓝、白云悠悠,他歌唱古代历史的厚重现代文明的开拓,他歌唱亲情友情爱情爱国之情,他歌唱生命的律动与创造,他歌唱真善美。高治军的诗题材广阔多样,几乎俯拾皆是,一般说,他总能做到内涵丰满诗意盎然,可使读者共享共鸣。情思才识皆在其中了。

写诗成为高治军的日常生活。诗不时在呼唤他,那呼唤有时舒缓有时急切。它们,他和诗,诗和他,时常晤面,握手相拥,亲切对谈。说不清楚了,是人写诗,还是诗写人?诗需要通过人释放情怀,人需要诗的浸泡滋润营养。搅作一团,一团混沌,如此这般，人和诗，诗和人，它们互相写着。诗和人一起忧思着快乐着健康着成长着。这样的人，或就可称作诗人吧？这只是我对高治军写诗状态的猜想。2005 年 7 月，他有一首《爱诗》：咬定青山不放松/魂牵意绕缘一梦/色香味佳心欲动/终身嗜好伴平生。进一步说明他与诗的一世情缘。也说明我的猜想并非全然不着边际。如此，就可以撤销我的“是否写得太多了”的过虑了。

一千余首诗中，当然有我喜欢的，分别在各个诗集中作了标记，总算起来竟近百首，引用起来就太占篇幅。即将出版的这本，偏爱“巫山云雨”这组。也不引用了。我喜欢、偏爱与否，不重要。

高治军因他的诗作获权威机构颁发的“中华诗词复兴杰出艺术家”称号，获中华百家诗词终身成就奖。这种认可，倒也实至名归。2008 年 9 月 14 日，高治军曾有《中秋月圆》记述此事：中秋皓月无光暇/幸有微讯慰爹妈/世代本是农耕户/今日儿成诗词家/天女当空散绎花/慈母九天喜泪洒/一语寄予我贤孙/红旗插门骑大马！可见他的激动之情。对于高治军，这是重要的。

忽然想起一位诗人曾说：“我只爱我写不出来的诗，我不爱我写得出来的。”未知也是诗人的高治军对此话作如何想？如果大体认同，那么，获奖什么的就也不是最重要的了。至于

“拙作不求藏名山”，藏否，那是后人的事。古今中外的大诗人，传世之作也是可数的，不能苛求首首都是经典。传否，都是后人决定的。传世与获奖一样，对于诗来说，都是非诗的话题。可以不说。

高治军的千余首新古体诗，我是在牛年春节时读完的。请允许我将这些诗比作活蹦乱跳的有生命的鲜活的鱼，打油一首：伴余过年一千鱼/唤我童心且不泯/此时此景堪常忆/难忘高君诗多情。

可以结束这篇杂七杂八不成章法题为“试读”冒充作序的文字了。

治军一笑。

2009 年 2 月 10 日，牛年元宵节次日

序《跨越命运的栅栏》

豫东的兰考、民权、宁陵、商丘、虞城，于上世纪的五六十年代和七八十年代，曾分别去过，不是走马观花，是去采访，一住下来就是十数天数十天。从农民、养猪模范、残障人士到党政官员，都曾比较深入广泛地接触过。对于豫东的土地和人，并不感到陌生，可以说曾经相当熟悉。

杨朝卿所在的夏邑，虽无缘去，但与我去过的几个县市必有许多相通之处，都属于豫东那一方水土。读他的文字，他的叙述与表达，他对乡土人物的描绘，就仿佛与久违了的豫东大平原重逢，有种亲切有种喜悦悄悄袭上心头。

跨越命运的栅栏，从童年写到老年，一个人一生的经历，苦难与欢乐，坎坷与奋争，挫折与荣耀，这个纪实文本，是一个人的自传，也就是作者杨朝卿本人的自传。

杨朝卿何许人？有理由为自己作传吗？

一个农民的儿子，一个中学教师，一个业余文学作者，如今已年过花甲，六十有五，孩子也都事业有成，他退休之后，可以在夏邑县城他那个还算舒适的小窝快乐地安度晚年了。教学上获得成绩，为中学高级教师。创作上已出版过《学步集》《烛光集》《梁楼惨案》《巴河烟雨》几本著作，还主编过他所在的夏邑一高文学社团的一本结集《大河涛声》，为辅导文学社团的年轻学子做过许多工作。他获得过市县两级不少荣誉称号，加入了河南省作家协会，为夏邑县作家协会副主席。说来说去，距明星名人也还相距甚远。夏邑这地方，倒可顺便说两句：孔老夫子的祖籍，一代名将彭雪枫将军在此为国捐躯。

作传不是名人明星们的专利。在这个世界上生活着的人们，都有向这个世界倾诉的权利。杨朝卿当然可以向这个世界诉说他的历史。这是他个人的历史。他生活在这个世界某个特定的时段，因此也就从某一隅折射出这个时代历史的某些侧影。他是一个普通的人平凡的人，也许正因为普通平凡，或者更具有普泛意义。

对普通人的生活经历，对平凡人的生命过程，也应当心存敬意。就是怀着这种心情，我阅读了杨朝卿的《跨越命运的栅栏》。读后，最初的印象是作者写人叙事状物的文字功力相当老到，特别是开头写童年的章节十分精彩动人。这最初印象只停留在文字述说的浅表,阅读中可以感受到作者对生活对乡土对理想爱恋之情蕴于字里行间。如果没有这种爱恋,难以想象作者会流淌出这洋洋三十多万言来。

文字是朴实的。与非虚构的纪实文本相对应,朴实更是种可贵的品质。文如其人。杨朝卿曾经由夏邑专程来省城送来他的这个文本的打印稿,曾经谋面,短暂相聚过,他给我留下朴实的印象。

后来,他寄来《巴河烟雨》等他写的书,《巴河烟雨》这本三十多万言的小说散文集中的多数篇章,我也看了,大体上也留下如上印象。

如同土地,如同土地上长出庄稼,自然,朴实。我对朴实评价甚高,记得俄罗斯经典作家契诃夫说过大意如此的话:在一切的美中,朴素是最美的。我信奉此话。

简约写下以上文字,祝贺杨朝卿《跨越命运的栅栏》出版。

2009 年 9 月 19 日

快乐其实很简单

早春时，读聂虹影的散文，她 2001 年出版的散文集《昨日如歌》，她 2008 年出版的又一本散文集《一路花开》，和她即将出版的散文集《岁月虹影》。字里行间溢满着亲情友情爱情，真挚的善意的美丽的人性之情，是温暖的，温暖着我这间停了暖气不久略有凉意的书房，温暖着我这个老读者昏花了的眼和已该长老茧的心。这些散文，使我对这位武警某边检站的政委同志，有了含着赞赏的认识。

其实，认识小聂也已好久了。上世纪九十年代初，正在军艺学习的她曾来《莽原》编辑部实习，我那时虽已是个离休老头儿，但由于在八十年代初《莽原》创办时我曾付出过辛劳，对这刊物就有着特殊的牵挂，也不时应邀参与这刊物的某些活动，就认识了这个穿着橄榄绿军服的据说勤劳谦恭好学的小丫头。时隔多年,这回读了她的数部散文之后,才看到了她橄榄绿军服里的内心。

回到小聂的文字。她的童年,她的少女时代,她的人到中年,她的生命历程,在她的文字中都有描述。童年时有姥姥爷爷奶奶爸爸妈妈弟弟妹妹,一同玩耍的同伴,还有那乡间一望无垠的田野和那田野间清澈的小河;少女时有同学战友难忘的军校军营生活,和那让人为之倾心为之动情的青涩的最初的爱恋;为人妻为人母有了丈夫有了儿子就有了自己作为主妇的温馨的家。光阴荏苒中,人就到了中年。

在她生命历程中,给她生命以呵护关爱慰藉的人,她听从心的指令予以书写,她书写的这些文字中,跃动着她那颗感恩的心。为人妻为人母后,她述说着对丈夫对儿子对这个家的牵挂,为儿子成长的每一个细节,她透露出情不自禁的作为母亲的惊喜。作为军人,她为牺牲在缉毒中牺牲在救助中的战友寄予无尽的哀思。对在地震中遭遇不幸的孩子们,她遥寄她女性军人的祝福:天堂没有地震。

小聂的文字有真挚质朴的品格。唯其真挚质朴,方能赢得读者的心,读者才会相信和接受她文字里蕴藉着的散发出的暖意。这真挚质朴,就通向了善通向了美。

我猜想,小聂是快乐的。要不然,她为什么将她已出版的两部散文集取名叫作《昨日如歌》《一路花开》呢?她一定是快乐的。快乐其实很简单,那就是将这大地这天空这人间这世界给自己的爱还给这世界这人间这大地。小聂正在这样做,因此我说她是快乐的。这快乐,不是强颜欢笑,不是皮笑肉不笑。这快乐,是由内心生长出的底蕴深厚、躯干强壮的树,枝青叶绿,且有绚烂的花。这快乐,才配有这样的别称,那就叫——幸福。

小聂新散文集出版之际,这就是我想说的话。

2010 年 4 月 2 日

为一种写作姿态祝福

胡亚才的散文,故乡、家族是重要的题材。这本散文集《另一种存在》中,或短章或长文,十数篇都是关于故乡关于家族的,故乡的桃花、月光、大路、山河、树木、寺庙、水塘、街巷、人物、逝去者的祖辈父辈的灵魂,童年少年青春的记忆,祖母的温馨的爱……都被他诉诸笔端,表达一个游子对故乡的深情回望。

《老家》,万余字的长文。亚才的老家是河南省固始县石佛店镇,其地理环境、历史沿革、风俗人情、家族邻里,童年少年时有六年之久跟随在祖父身旁,听祖辈们谈古叙今,并得以读到当年的禁书实为中外的文学经典所受到的最初的文学教育的经历,等等,都在亚才的温热湿润的文字中如画般展现。此文的结尾,亚才说:老家是什么呢?老家当然是根了。我是一定要将石佛揣在心窝里的，无论我将如何游走四方。

另一篇万余字的长文是《走年坟》。在小年之后大年之前的日子，去已逝先辈的坟墓前祭拜他们的亡灵，是石佛镇多年来形成的风俗。此文记叙了亚才携妻、儿和四弟一起走年坟的过程，在此过程中一一展示亡者的面容，因涂抹上思念的色彩，这些面容愈加生动。亚才不但自己将老家揣在心窝里，作为父亲，他希望研究生毕业已在北京工作的儿子也不要忘了老家。

曾获2007年中国散文排行榜提名的《关于祖母的话题》几乎写了1911年出生、2007年去世的祖母的一生：她童年时的叛逆，不怕挨饿不怕挨冻就是不裹脚；她年轻时的追求，仗着一双大脚，去追路过的红军，一追六十里山路；她中年时的得名，这个常姓姑娘，嫁到胡家，就成了胡常氏，自己是没有名字的，直至年过半百左右，在部队服役的二儿，给妈妈写信，建议妈妈能采纳他给妈妈起的名字"世珍"，从那之后，二叔不时来信，不时听到邮递员呼唤常世珍的名字，就也不时听到"哎——来啦来啦"，这是常世珍唱歌般的回应。祖母从曾祖母那里学来的豁达镇定干练决断，种种细节不在此一一赘述。祖母九十六岁去世前的清醒，她清醒地交代：一、回石佛老家，葬在老当家（祖父）的身边；二、千万不要声张，免得亡人不安生；三、千万不要受礼，免得孩子们受影响。

《三位老奶奶》，当然都是老家石佛店的老奶奶，都是没有名字的。李张氏，会接骨，亚才的腰椎错位，她一招对位。吕陈氏，卖膏药的，亚才左腿部的贴骨疽，经她三贴膏药治愈。白穆氏，为保住自己的老屋不被拆迁，不畏强权，宁死不屈。白穆氏于2005年正月初五去世，亚才正好在老家过年，也去为老人送殡，送去致意。李张氏，一百〇二岁；吕陈氏，九十五岁；白穆氏，一百岁。真都是老奶奶，老家的史河和清河的长长流水，润泽着这三位老奶奶平凡的有尊严的长长的岁月。

胡亚才2006年出版的散文集《春天的角度》共分四辑。不少篇章都在述说着故乡和家族。第四辑则全是关于故乡的，书写故乡的历史、故乡的风情、故乡的语言、故乡的人物。

《出逃南京》，记述了一个半多世纪之前，亚才的太祖父为逃太平军之乱携家带眷从江苏浦口长途跋涉逃至河南固始这个类似于江南水乡的小镇石佛店，在此安家落户，从此，亚才的家族就成为河南固始石佛店人。这段历史对亚才的家族是重要的一章。《曾祖母的1958年冬天》，这篇文字记述了曾祖母于1958年冬天逝世后，祖母发现了曾祖母显然是为后代浅浅埋藏的两瓶小磨香油和三十块银圆，正是曾祖母留给后代的这份爱，帮助这个十口之家安然度过1959年的灾荒。另一篇文字《别怕》，记述了曾祖母于1958年的近三十年前的某日在河边洗衣，发现一个红军伤员，将他背回家养好伤安全送走，事过多年之后，已在解放军某部做了首长的当年那个伤员重回石佛镇探望曾祖母的故事。这是同一位曾祖母。关于祖父、父亲、母亲，亚才也多有记述。这里，我不再述及。

故乡人物，亚才涉及颇多，只举其要者。《春天的角度》那个集子里，《别有一番滋味在心头》这篇文字中，记述了两位，一位是他这个稚嫩少年的冬夜，在老家石佛店街南头那三间坯墙草顶的老屋里，在焚烧着噼啪作响的枯树根旁，偎着祖父，听到的：1937 年 7 月 7 日晚 10 时许，面对猖獗的日寇进攻，时在卢沟桥防卫的我营长金振中下令还击，打响了中国人民全面抗日的第一枪。这位金振中，是固始人，固始人的骄傲。一位是他成年后，曾怀着崇敬心情在县城东门坎至史津渡口大码头一带遍寻抗日忠烈张绍坡的点滴。这位张绍坡在日本侵略者占据固始的 1938 年曾被强迫出任维持会长，他以"驱除倭寇，保我中华"八个大字严词拒绝，惨遭杀害。亚才慨叹，如今的固始人，竟有不少将这两位抗日英雄淡忘。他为自己许下心愿："总有一天，我将带上我的孩子，站在庄严神圣的卢沟桥上，向浴血抗日的民族英雄们深深鞠躬。"意犹未尽，又在文末《附二则往事》，其实也是与抗日战争有关的两个固始人物，一是张唤民，曾代民上书迫使国民党固始县五区区长周虹如退出贪污的淮河赈款。1938 年秋，张组织"淮南抗日游击队"，欲联合周共同抗日，冒险前往周处，为周所害，被害前，张说："国难当头，可叹我张唤民未能为报国死于抗日疆场。"时年仅二十七岁。一位艺名叫菊姐的烟花女子，1938 年农历闰七月某日，日本侵略军一头目欲睡菊姐，菊姐不从，并大声呵斥："你是畜生！我不跟畜生睡。"那畜生便一刀劈下。这四位身份不一的固始历史人物，是轰响在亚才胸中的强音。《温馨永远》，则记述了小学、初中、高中三位石佛店的老师，对他这个学子的教诲和帮助，这三位现实中的老师，使已人到中年的亚才心中依然保存着他们关切的温度，久久不能忘怀。

老家是什么？老家不是概念，不是符号，是实实在在的一方水土，是实实在在的一个家，祖辈父辈兄弟姐妹，亲戚邻里，童年少年青年的时光，耳濡目染的或感动或不感动的人和事，年复一年三百六十五天平常和不平常的日子，生于斯长于斯在这些日复一日的日子中长大。这就是老家。各人有各人的老家。亚才将老家揣在心里。以我看，亚才是将老家养在心里。这是自然之事，因为就是老家将他养大。将老家养在心里的人，时刻不忘自己从哪里来。知道自己从哪里来，才明白自己往哪里去。不忘，是情义。一个寡情少义之人，能够行远吗？

亚才的关于故乡关于家族的文字，是他思念的记忆的小河里自然流淌出的清澈的洁净的暖人的水。这就与硬做出来的在当今散文中也存在着的矫情文字划清了界限。我欣赏亚才的这种真情文字。

亚才的散文中，也有别样的文字，散文诗样的短制，在《春天的角度》那本集子的第二辑，就收有此种短制三十余篇，这本《另一种存在》中，也收有三十余篇。我以为，那都是锻炼和展示他的才思、哲思、想象力以及语言的诗性的，不乏佳作。不展开说。

有兴致说说作为书名的这篇文字《另一种存在》。搬家时发现一张夹在本子里的发黄纸片，那纸片掉落在地上，捡起来，捡起一段青春的怀想，场景依然是老家石佛店。1983 年的暮春时节某周日，八个刚刚成年的青年男女，骑着自行车在土路上穿过十里田野，到史河湾那片有着鸟语的树林子里，朗诵诗歌，朗诵诗人的诗歌，也朗诵自己的诗歌，互相评说，还即兴创作。那年完成大学学业的亚才回到石佛店老家在母校石佛高中任教，时年二十一岁，同去朗诵诗歌的一位小学女教师，两年后成了亚才的新娘。亚才在那次朗诵会上朗诵了自己的即兴创作《我的世界》：即使鲜花永不向我绽开/我绝不后悔根下泥土的岁月/我的青春依旧如怒放的向日葵/流溢着温暖与明亮/天空深沉/我的世界一片蔚蓝//即使浪花永不对我微笑/我绝不痛惜惊涛拥抱吻别的战栗/我的热血依旧如汩汩的山泉/奔涌着激情与骚动/大地广袤/我的世界一片酣畅//即使果实永不为我挂枝/我绝不遗憾千百次落叶的眷恋/我的生命依旧如旺盛的常青藤/蕴含着绿的精髓根的深情/阳光灿烂/我的世界一片明朗//即使我永远走不完坎坷路/那延伸的前方正是我生命的诠释/即使我永远登不上山峰/那悬崖峭壁早已成为攀缘的风景。

这首诗蓬勃着朝气,昂扬着向往。

我手头有亚才赠我的他于2008年出版的诗集《一切如我们的虚拟》,二百余页的诗集,未见收入此首。我猜想,出版诗集时,这首《我的世界》,这片已被岁月染黄的纸页,正不声张地藏在也被岁月变旧了的本子里。

当然也有别样的题材,甚至海外题材。《秋天,在德国看磨坊》,记述波茨坦西南偏南一座普通的古旧的磨坊。1866年,德国皇帝威廉一世在波茨坦行宫登高眺望波茨坦全景时,视线被这座磨坊挡住,甚是扫兴,先是想将这座磨坊买下,遭老磨坊主拒绝,几经协商,未果,威廉一世派人将此磨坊拆除。老磨坊主将皇帝告至法院,皇帝败诉,判决皇帝须将磨坊恢复原状,并赔偿由此所造成的损失。威廉一世按照判决执行。老磨坊主依旧磨着他的面粉。时光荏苒,威廉一世和老磨坊主皆去世,小磨坊主惨淡经营,难以为继,欲将磨坊卖给威廉二世,威廉二世亲笔复信:“我亲爱的邻居,来信已阅,得知你现在手头紧张,作为邻居我深表同情,你说你要把磨坊卖掉,我以为切切不可。这件事与我们国家关系极大,毕竟这间磨坊已成为德国司法独立和裁判公正之象征,应当世世代代保留在你家名下。至于你的经济困难,我今赠予你六千马克,解决你一时之急。

你的邻居威廉复。”磨坊仍在。据说,德国一些法律专业毕业的大学生,已将观摩此磨坊作为自己从业之前的必经程序。

在德国,可看的和亚才此行已看的,必定不止这座磨坊。可是,他就是想将这座磨坊说出。

《骄傲的稻田》也颇有意思。这片稻田,是在某天夜晚,在大阪市中心下榻的宾馆不远处,亚才的意外发现,夜色中,亚才用脚丈量用眼目测这块夹在两座大厦之间的稻田面积,宽约八米长约二十五米,计三十六行,一半已经收割,一半正待收割,已收割的整齐地躺在那里,“缕缕清新的稻草香裹挟着韧性十足的田园气息扑面而来,顿时湮没了面前的道路与站在道路上的我,湮没了两侧的楼房,湮没了妖娆的夜景,湮没了整个大阪。”待收割的,“身贴着身,头挨着头,稻穗丰满,很自信,很骄傲,我几乎听到了它们交耳的欣喜私语。”

在日本,可看的和亚才已经看到的,一定不止在繁华都市的水泥森林般的大厦间这片小小的稻田,可是,他就是愿意将他看到这片稻田时的感受说出,这是因为这个从稻田畔来的中国男人在异国遇故知的欣喜吗?怕也不全是。

《敬亭之死》,三万余字的长文,为亚才在大别山腹地新县工作多年所得,为用心用力用泪之作。第二次国内革命战争时期,红四方面军、红二十五军相继被迫由大别山根据地西征,之后,高敬亭领导红二十八军继续在大别山区坚持了艰苦的三年游击战争，后任新四军四支队司令员，屡立战功。在四支队司令员任上，冤死于自己同志的枪口，时年三十二岁。这是悲怆交响曲，荡气回肠。又岂是一个荡气回肠可以了得？

在《也谈散文》《一切如我们的虚拟》以及《春天的角度》的“后记”这几篇谈创作的文字中，可以多少窥见亚才的写作姿态。

《也谈散文》这篇答《安徽文学》编者问的文字的结尾，亚才说：“没有同情没有信仰没有心灵没有‘学书始于象绝于无象，始于无我绝于有我’，也就没有以人为本的深层次的精神内核而空空荡荡，这注定了我们的行囊里蓄满了无法远行的隐患，注定了我们搭建不起支撑散文的精神骨架。散文要从容，要自信，要有责任感，要有心灵的沟通，要有永远的相互牵挂和永远真诚的共同前往。”

在《春天的角度》中，亚才说：“我将继续诚实而真情地写作散文，并由此承担应承担的责任，松树就是松树，玫瑰花就是玫瑰花，如同做人要有个自然的状态，同样也应给散文一个自然的状态。当然，节制还是需要的，忌浮躁，保持清醒头脑，以在纷繁的语境面前，做到坚持。坚持来自内心深处的钟情，坚持真正的生命体验与独立风骨，坚持散文的底线。”

《一切如我们的虚拟》中，亚才说：“我一直努力着，在十分有限的时间和空间里，就境界，比较高尚与低下；就情操，比较优美与卑劣;就感怀,比较深锐与浮泛;就语言,比较准确与浊乱;就形象,比较生动与庸凡;就音韵,比较谐调与滞涩;就结构,比较紧洁与松散;就气势,比较充沛与萎弱;就风味,比较醇郁与恶俗;就创意,比较独特与因循……在比较中,诗歌就像一把锋利的刀,给浮躁、暗淡、懒惰、逼仄的生活划开一道口子,让我看到了生活的光,并且我由此在种种可能之外建立起自己的精神向度。”

他还说:“许多时候看起来是我们为诗歌劳作,其实,更多的诗歌在援助我们日益贫瘠的内心。”

《一切如我们的虚拟》中,有一首诗《其实,一直都是这样》,诗中有这样的诗句:我只想平添自然的知觉/主动与自然密切关系/以便走进人性更深的巷道。

亚才是在进行着自觉的、真诚的、自然的、人性的、追求精神向度的写作。亚才道出写作其实就是写自己的真相。且不说亚才的写作已经达到怎样的水平,文学水平之说,其实并无一个量化的标准。但我要向亚才的写作姿态致意,他的写作姿态,我已在他的写作中看到她的身影,我要向她——亚才的写作姿态,送去我深深的祝福。

初识亚才,是在上世纪末河南散文界的一次聚会上。是个新面孔,挺蓬勃的那种。随后,新世纪初,全国许多散文家相聚著名的将军县新县,新县山清水秀,拥有无尽的红色记忆,定给天南海北的散文界朋友留下美好回味。那次聚会，亚才非但参与，且扮演着东道主的角色。那时他在新县县委工作。后来，亚才调信阳工作后，在郑州、神农山偶有相聚，他都是来去匆匆。虽相识十数年，我依然只是认识他的“封面”。这回应亚才之邀为《另一种存在》出版写点什么，才得以掀开“封面”，读到一些片断（亚才有本小说集《真实的故事》，未读过）。未知读懂否？

2010 年 6 月

曾经的老坟岗

1954 年河南省会由开封迁到郑州,省文联是 1955 年随第二批迁郑的省直单位迁来郑州的。如此算来,我已在郑州生活了半个多世纪,当然也算是“老郑州”了。“老郑州”没有不知道、没有没到过老坟岗那块地儿的,因为老坟岗是郑州的文化中心。文化中心！这个词用得大约没什么不妥。前些时,曾去那一带转悠,曾经听过坠子书的曲艺厅,曾经看过电影的八一八立体影院,连同那种特别有郑州味儿的热闹繁华,都已荡然无存、了无痕迹。心中不由得升起一种说不清道不明的喟叹。或许是不健康的怀旧情绪？其实,那一带已成为“二七商业圈”的主要组成部位,比之从前,不知繁华热闹了多少倍。但此繁华热闹非彼热闹繁华,彼热闹繁华是充溢着草根文化意味的,乃至接通了陇海平汉两条铁路,郑州成了十字交叉的商埠,那么,进一步的现代化就要将这种热闹繁华送走吗?城市就如此地不能兼容草根文化吗?如果城市规划者多一种文化的胸怀,会如何呢?没有如果。反正那热闹繁华了近百年的老坟岗已在地面上消失得无影无踪。不解?就先自己思忖着。

赵富海送来他的近作《老郑州:民俗圣地老坟岗》(河南人民出版社,2007 年 12 月版)。由于我对老坟岗也多少有些印象和情结,就也有兴趣进入阅读,不想,一进入,还被它粘住了,兴趣变浓,变成了饶有兴味,读了前面总还惦记着后面,就是说我被它吸引住了。读完了共分十二章、还附有老坟岗当年的许多幅老照片、十五万字的这本书,如同喝了杯又苦涩又香浓的茶,有后味,耐回味。

老坟岗兴起的缘由,艺人们在此娱悦了民众也唱红了自己,越调、曲剧、豫剧三大剧种在此汇合,说书的,唱坠子的,“骂大诨”(说相声)的,玩魔术的,耍把戏(功夫)的,在此集聚,一派狂欢景象,观众当年的趋之若鹜,人们如今的无奈怀想……娓娓道来,跟你聊天说话,就将老坟岗的前世今生说得叫你看得见摸得着。这就叫功夫,这就叫艺术。富海的这本书,作为长篇叙事散文,我以为是挺上档次挺够品位的。

说自己也算“老郑州”,面对富海的这本书,就真不好意思了。我去过老坟岗,不止一次去过。但我不认识它,说不出一二三四子丑寅卯东西南北,认识老坟岗是自读了富海的这本书开始。赵富海才是对郑州的传统文化情有独钟并勇于承担起传承责任的“老郑州”。我知道富海做老郑州这个大项目已有些年月,连著带编已出了十多本书,这一本只是他的最新成果。据他说,还要做下去,下一本已有了具体设想。窃以为,为此,郑州的某机构应当给富海颁发个奖章奖状什么的,用以表彰他的贡献。

中国民间文艺家协会副主席夏挽群为赵富海此书写了代序言,题为《对失落的文化记忆的追寻》,写得相当精彩,看这题目就感到多么文化!对富海这本书的意义,挽群作了诗意的肯定。我赞同挽群对富海这本书的评价。

2010 年 8 月

女孩，你不要长大

——序萍子诗集《纯净的火焰》

偎依在妈妈身旁看星星，听妈妈讲星星的故事，那是夜空上的星星，从此，才知道那遥远的闪烁着蓝色光亮的发光体叫星星。那是在小院里，在树下，在夏夜，有清凉的风。看过了星星，就在妈妈的怀抱里做温馨的梦。

宋庄没有中学，就到远方去读书，那真是远方，十几里路之外的繁城镇呢。住校，和同龄的女孩在一起。周末回家，没有看到村庄就看到了黄昏的星星；周一上学，有清晨的星星伴你一路同行。

星星大约萌发了你女孩家的最初的诗意吧。

可是"那时我刚刚知道星星是宇宙的眼泪"。你什么时候知道的呢？你怎么知道的呢？真是叫人吃惊的解读，只有寂寞女孩才读得出这样的星星。你是寂寞女孩吗？"海涅啊/深深激流/我不朽的情人”。有海涅这个不朽情人的女孩,你寂寞吗?

诗情喷发时,需要寂寞吧。寂寞时思绪才能放飞至深邃的星空,情感才能融入激荡的海洋。在女大学生宿舍里,在熄灯后的黑暗中,半躺在床上,头靠着墙壁,手握着笔,在那小本子上画你的梦。“噢/三月/如果你感受到这深情挚爱/就请系两缕芬芳在我的辫梢/让它们在熏风中/舞成两面鲜艳的旗帜吧……”是那时画出的吗?我不知道;这个辫梢上舞着两面芬芳鲜艳旗帜的女孩,与那个写“宇宙的眼泪”的女孩,有什么不同呢?我也不知道。是一个女孩吧,她的鲜亮的脸庞和她的忧郁的背影是一样的。

到了恋爱的季节就恋爱。“是否/我爱得太深叫你心烦/就像糖放过了量便变成了苦/是否真情只有藏起一半才叫人眷恋/山峰之所以美丽全因了雾。”爱得太深也不行,这恋爱还真是复杂,复杂了才丰富是吗?丰富了才动人是吗?动人了才叫人迷恋是吗?是呀,恋爱原本就是这样的嘛。《爱情十四行诗二十首》,一个恋爱中女孩的等待,千回百转缠绵悱恻纯净美丽。真的,不信读读看。

“我可否回头/抑或向前走/你是谁/那些飞扬的尘土/将你尘封在哪里?”

那女孩的相思好苦啊。

“我是一只长不大的苹果/孤守岁月流转的枝头/青了又青/青了又青/只为能遇到你/在无言的惊喜里/红了笑容。”

那女孩的相思好甜啊。

你对大自然也有又苦又甜的相思。你走了很多的路,你去晋见黄河,你去朝拜高山,你去探望草原,你去聆听大海,你去阅读大自然的诗情,你投身在大自然的怀抱中,你原本就是大自然的女儿。

你的《致大山》恐怕只是你未见高山时的习作。壁立千仞无欲则刚,那高山仍孕育在你的心中。

在冬天的草原上你只看到了雪原。“雪是什么/雪是宇宙正在做着的/一场好梦。”

大海。海纳百川有容乃大。你说大海太强大了。你说,面对大海,欲语无言,什么话也说不出来了,只能屏息沉默,你无颜将你的《致大海》收入集子中,有点羞愧地悄悄抽下,你正在重新酝酿与大海的对话。

“路/被故事写满/且无处不写着人的名字/生命就这样延伸着/以土地/太阳/血的颜色/广阔不息地延续。”

我要说,还有梦和诗。

你才走了多少路?前面还有更多的路要你去走。你怎么就想到了:当我们老了/满头银丝?你怎么就想到了?你从哪里冒出来这么一个苍老的想法?

女孩，你不要长大。岁月会给你刻下皱纹，但你不要长大。将那皱纹化作童稚的眼睛，你就将拥有梦。有梦就有追寻。

女孩，你不要长大。时光会给你刻下伤痕，但你不要长大。将那伤痕变为惊异的眼睛，你就将拥有诗。有诗就有提升。

有梦和诗伴随，生命之火焰就将永远纯净。

对吗？萍子。

1993 年

女孩已经长大

那时，我看到的是将星星读成“宇宙的眼泪”，将雪读成“宇宙正在做着的/一场好梦”，将海涅作为自己的“不朽情人”，请三月系两缕芬芳在自己的辫梢，并在风中舞成两面旗帜的女孩。恋爱的季节就恋爱，那女孩爱得又苦又甜悱恻缠绵。那女孩竟也想到了：当我们老了/满头银丝。我不喜欢这想法，就说，女孩，你不要长大。那时，何时？1993 年也！或可读为上世纪九十年代初。站在本世纪初回望，够遥远。如今是 2008 年，岁月流逝，十五年过去了。

那个十五年前我在《纯净的火焰》中看到的女孩，现在怎样了？

且看《行吟与禅悟》。

孩子/五点钟的时候我真想把你叫醒……//孩子，我不能这么早叫醒你/只好在这首简单的诗歌里/为你描述我们生活的城市/这难得的良辰美景(《孩子,五点钟的时候……》)。其实,是城市中在清晨常见的景色,并不难得。且不论。反正是,那女孩不但已经长大,而且已经进入了母亲的角色,内心充盈着母爱,幸福着孩子和自己的骄傲的母亲。

是的,骄傲而幸福——

不过是几天时间/你又长高了一截/肩厚了,腿也粗了/晨光中露出纯真的笑脸/亲爱的孩子,看着你/我就看到了生机勃勃的春天(《春天》)。

女孩总要长大,女儿总会成为母亲,这就是生活,永不停息的生活。

那么,我现在面对的这本题为《行吟与禅悟》的诗集的作者萍子,已不是十五年前《纯净的火焰》那本诗集的作者萍子,那是一个女孩,这是一个成熟女人。

这本诗集,分为四卷,卷一《梦见珠穆朗玛峰》,大体上是借物借景抒情。卷二《思念的节日》,大体上是对人的怀念与描绘。卷三《似水流年》,关于爱情。进入内心进入灵魂,也就是进入诗。卷四《一个问题的因果》,表达对佛的礼拜,对禅悟的仰慕、亲近。

她所从事的媒体工作,使她接受众多的社会信息,她要面对广阔的社会生活,这是促使她成熟的激素。她是个热爱大自然的人。爱你认知到的一切吧/大自然,人,和其他生灵/爱你生命中的每一寸光阴(《又见大海》)。她经常背起背包走动,去亲近大自然,比如青藏高原、河西走廊、青海湖。当我的雪山之梦被岁月尘封/我仍将走向你/不改初衷(《青藏高原》)。她爱自然甚至爱到极端:那堵宏伟的灰色,无论如何/也挡不住我伤心的泪滴//我爱自由奔放的河流/胜过人类的丰功伟绩(《河殇》)。她去亲近自然,是去洗涤被世俗生活污染的诗心吗?她对佛的礼拜对禅悟的亲近,也是同样的理由吗?大体如是。我猜想。

真善美当然存在于社会的世俗生活之中。生活就是真善美与假恶丑的矛盾体,矛盾着运动着的进程。诗情画意并非山水的专利。她的许多诗篇,也介入现实的社会生活之中。温暖的手/像你的心/仁者之心/宽厚的手/像你的心/智者之心/洁净的手/像你的心/赤子之心/受伤的手/像你的心/孤独之心/勇敢的手/像你的心/英雄之心//英雄/我亲爱的兄弟……(《英雄》)。写对英雄的仰慕之情,还是颇为感人的。为汶川地震所写的三首诗,表明了诗人的立场和态度。《这些名字》未见成功,因为什么,因为这些名字太为公众熟悉了,如果在认知上未能超越在感知上未能深化,诗就难于被人们记住。《我们是幸运的小树苗》,将视角伸向农民工子弟学校,问题是未将此题材诗化。关注社会生活,创作了有关社会生活的感人的和不感人的诗篇,都是成熟需要付出的代价。

我读了两遍。一遍通读。一遍精读。我喜欢这本诗集。正因如此,当有那么两首诗绊住我这种喜欢的感觉时,就忍不住要唠叨几句。

《麦子》《方向》《收割后的土地》《滴翠的雨季》《立夏》,这些关于乡村关于田野关于土地关于庄稼的诗,将对故乡的思念酿成一坛醇厚香甜的米酒。这是一个女人的带有成熟味道的思念,与十五年前那个女孩关于故乡的描绘是有些不一样。

我以为最耐品味最见功力的,比较起来,还是卷三《似水流年》。少了青涩,少了梦幻,少了要死要活,多了理解,多了通达,多了恬淡宁静。不是一个女孩,而是一个女人关于爱情的叙述与表达。我如此说,未知确否?

追寻禅悟,当然也没错。心要定,思要悟,人要纯,诗要淬。诗人啊,还是不要大彻大悟到:游戏结束了//成年人重新戴上面具/孩子们换一种姿势/投入下一个游戏(《游戏》)。如果认真地以为人生就是一场游戏,那么,还会有诗的激情吗?还用得着写诗吗?

萍子的夏季来临。祝福她的生活事业和诗歌,都灿若夏花。

2008 年

小满是萍子的妹妹

有诗评家查阅了《全唐诗》《全宋词》，发现唐诗涉及“清明”等农历节气内容的有三百三十五首，宋词则多达五百二十首。但无一人全写二十四节气的。古代大体如是。近现代不详。

当代，据孤陋寡闻的我所知，苇岸的散文诗集《大地上的诗情》写过，汤松波的组诗《二十四节气》写过。

萍子的《我的二十四节气》，则自有个性，别有新意。

萍子的诗歌研讨会，她自己选定在春分那天举行。春分过后，白天将比黑夜长，未来将比过去多。那天，她穿了件红衣。正是桃花绽放的季节，她如一朵桃花绽放在她的研讨会上。萍子的人气旺，那天到了许多人，诗人兴会在春天里。

是第一次为萍子开研讨会，涉及她已出版的两本诗集和近作《我的二十四节气》。1993 年的《纯净的火焰》和 2009 年的《萍子观水》,我都曾为之作序,想说的都已在序中说过,可以不再说。萍子仍要我为《我的二十四节气》写序,我就聪明了一回,全心全意支起耳朵倾听,倾听诸位诗意的评说,以便滋养我的文字。在萍子诗歌研讨会上,我一言未发。

现在,轮到我说说了。

我们的老祖先,早在春秋时就画出天文节气的雏形;秦汉年间,二十四节气趋于完善;公元前 104 年的《太初历》,正式将二十四节气订于历法,明确了二十四节气的天文位置。真乃大智者。

二十四节气,非但科学地反映着气候的变化,如立春、立夏,标志着物候的变化,如小满、芒种,有的天文节气也兼有着人文节气的意义,如清明。而且又科学地指导着人类的农事活动。但又不只农事活动。

萍子是个乡村丫头,童年和少女时代一直生活在乡村,入大学后进城,暑假寒假逢年过节还是要回到乡村回到田野回到父母的身边。她最初的诗意萌动就来自覆盖田野的皑皑白雪和乡村夜空上闪亮的星辰。

后来在城里工作,母亲会来女儿家住。常常,母亲站在挂历前查看/什么节气快到了/每天,母亲看电视天气预报/关心的总是气象对农民是否有利(《布谷鸟捎来了麦黄的信息》)。

母亲对节气对庄稼的关切，唤醒了女儿并未沉睡的乡村记忆：乡村！给我欢乐童年/和泪水的可亲的土地/离开你虽然已多年/可我赤足奔跑的脚印/我的根/在你宽阔的怀抱里(《收割后的土地》)。在《麦子》中，萍子说：不管离开家乡有多久/不管离开田野多么远/麦子，从来不曾以植物的形象/在我的意念中出现//麦子，母亲心中的头等大事/青黄不接这个苦涩成语/的由来和终结者/农民好日子的开头/我血脉相连的姐妹兄弟。在另一首诗中，她一再写道：麦子回到家里。麦子回到家里。麦子是萍子的姐妹兄弟，当然要回到她的家里。

与麦子与庄稼与粮食是这般的亲人关系，顺理成章地自然就要关心节气，关心与庄稼命运攸关的节气。萍子说，这是受了母亲的影响。于是：小满是我的妹妹/有着青绿头发/桃红面颊/闪亮眼眸的妹妹//小满是我的妹妹/有着苗条腰肢/柔软双手/结实小腿的妹妹//夏季风飞快掠过田野/麦穗泛起大地的颜色/小满，我的妹妹/在乡间小路上疾走/香了杏儿/甜了仙桃(《小满》)。

看见那有着结实小腿在乡间小路上疾走的小满了吗？再看《芒种》：太阳的光芒/唯有透过你方可凝视/芒，轻轻咬住一粒新麦/默念爱人的芳名/田野涌动/香气四溢/酿造的季节已经开始//收获吧——/大地把自己摆上祭坛/感恩的人/躬身将种子播进土里/面对你光明洁净的眼神/我热情的表白与情爱无关……夏收,收获希望,夏种,播种希望,在萍子笔下,暖人心窝,令人迷醉,叫人神往。

写冬季的一些节气,竟也写得如此暖意融融,叫人讶异。天冷了/热情需要收藏起来/放在不会结冰的地方/等待春天/长出新芽(《立冬》)。如果冬天可以下雪/如果冰雪可以消融/我们的梦,又怎能不盛开/一个个春天/化为和风细雨,柳绿花红(《小雪》)。吃过冬至饭/一天长一线/把希望系在太阳身上/准没有错(《冬至》)。只是小寒而已/大寒便是强弩之末/据说大雁已经动身北飞/我也要收拾行装了(《小寒》)。抱着满怀的玫瑰回家/转过冬天的拐角/就被春天包围了(《大寒》)。

二十四节气,当然不只是有关庄稼有关农事,更有关时光有关岁月。一年四季,春夏秋冬。十二个月,二十四节气。一年复一年,这就是时光的流逝、岁月的更替。春花秋月何时了?没有了的时候。花儿谢了,明年还是一样的开。秋月依然会挂在明年的夜空。子在川上曰:逝者如斯夫!逝者逝矣,来者来也。时光之河永恒奔流不停息。人呢?时光的过客,只活一世。

萍子说:这一世轮回,仿佛/只是为了感受你的好/称颂你不为人知的壮丽(《芒种》)。萍子,在春分时节看到如桃花般绽放的你。血始终是热的/心始终是热的(《大雪》)。我仿佛读懂了花儿为什么这样红。你的小满妹妹呢？是在你身后的不远处吧，好像看到了这个有着结实小腿的女子正越过清明越过谷雨越过立夏疾步走来。

《我的二十四节气》，心血之作，性灵之作，情意之作，自然天成。因为，庄稼、节气都是萍子的姐妹兄弟。

2011 年 5 月 8 日，立夏后二日

漂泊在城市的灵魂

坐在我对面的李运昌，这个高大健壮的中年男人，武术协会会员，当我问及他这部名为《追寻》的小说中，有什么令他自己特别感动的情节或细节时，他叙述着，说着说着就泣不成声。男儿有泪不轻弹。我这个老者，心大约也结了老茧，却也见不得眼泪，特别是这眼泪从健壮的男儿眼中流出。老实说，当时，我竟也被打动。

李运昌其实是在说他自己，他自己二十年来的人生经历。这个郏县农村的贫穷孩子，读完小学就辍学，学过木匠，然后，小小年纪，十五六岁吧，就独自离开家乡去城市里谋生，干过保安、治安员、装卸工，摆过地摊，卖过水果，卖过服装，发过广告，在橡胶厂、面包房、歌舞厅打过工，开过书店，等等。这个孱弱的农村少年连同他的懵懂的不安的灵魂，在城市里漂泊，漂泊中当然有坎坷、屈辱与抗争，也遭遇过人性的善良的温暖，少年就在这漂泊中逐渐长大成人，有尊严地与岁月一起逐渐长大成人。丰富驳杂的世相，善恶多样的人心，在此背景下，可以写成相当精彩的一部成长史。

其中一个重要情节是，在漂泊的艰难环境中，他坚持参加了成人高等教育，不懈地自修中文专业。他迷恋文学，读书读到痴迷。由于他原来的文化水平不高，可以想象那多少有点生吞活剥的恶补模样。

追寻？追寻什么？他不仅要求生存，他还要追寻一个梦想，那就是文学，那是他心中的神圣。他成了书店里的常客，在书店就会遇见作家签名售书的盛事，以真诚与作家套近乎，就自然地与作家成为朋友。他去某媒体当实习记者，练习写作。他成为某网站的签约作家，试着写过散文、杂文、短篇小说等体裁的作品。我猜想，他就是要将他的所见所闻所感所悟向他人倾诉与世界交流。

《追寻》是李运昌的第一部长篇作品，他将他的上述经历大体上都写入了。说是自传体的长篇小说也可以，更准确点应当叫作非虚构长篇文本。读后，不像所期待的。虽然将经历也都叙述清楚了，但不时见到稚嫩、粗糙和生硬。初涉长篇，这大约也是意料中事。比如语言，如果不过多地借用那些现成的甚至是文学词典里的语言，而是用生活的有个性色彩的语言，那情景就会大不一样。比如成长，从少年到青年到中年，随着阅历的增长，那心态那性格自然会有发展与变化，这就是成长的痕迹，在文本中还没有比较清晰和明确地描述出。

我还是要向李运昌的追寻，他在追寻中表现出的真诚和执着，表示祝福。能追寻到一个怎样的目标，且不说，追寻着就是美丽的。

心若在，梦就在。

2011 年 1 月

序《青溪水吟》

尹新江于2008年有《青溪文集》出版。前时，我获赠一册，浏览过一些篇章，未全读。近日，新江送来他拟出版的《青溪水吟》的书稿，要我为此书写点文字，就逐篇看过。我惊喜地发现这个阅读过程竟是一个渐入佳境的过程。这是我在阅读之前未曾期待过的。什么是渐入佳境呢？就是说我逐步被他的文字所吸引，乐意读，这就将阅读自然地转换为欣赏，欣赏中不断带来欣喜，所谓悦目赏心也。这真是没有想到的一个意外。

旅途中的散记，或是阅读中的随想，与《青溪文集》一样，《青溪水吟》也是一本散文随笔的结集。也收有《从〈易经〉说开去》这样洋洋万余言的长文，从周易说到老子、孔子、墨子、韩非子，等等，评述中国悠远的文化传统，品头论足，滔滔不绝，煌煌巨论，我以为简直可以看作是一篇学术论文。

这本集子里的文字,大都来自阅读来自旅行。关于旅行关于阅读,尹新江都有相当的自觉意识。

关于阅读,他在《历史的暇思》这篇文章中,引用了西塞罗的话:“如果你对出生前的事情一无所知,那你就永远是一个无知的孩子。”他还有一篇《读书》的文字,他将客厅当作书房,他不无自豪地描述了他自己的私人图书馆的图像。图书馆呀,可见其藏书之多。他说他的书房“唯独不放电视机和烟灰缸,电视让我精神浮躁,烟灰缸让我身体受到损害”,他说,认真读一本书,需要有认真思考的毅力,需要关上门,翻开书,静静地阅读。他的工作使他有经常接触高校图书馆的机会,当看到图书馆冷落的情景,他不无感叹。他说,一个不重视读书的民族,其何去何从,也许会更加迷茫。他引用梭罗的话:读一本好书,可以改变多少人的人生轨迹啊。他在《读书》的结尾说:“我甚至希望我被监禁在这个书房里,一直到老。读这些书,让我曾经焦虑不安的心重新回到故里,让我知道了我该如何活下去。”

了解了他对读书的热爱以至痴迷,了解了他的读书态度,就懂得了他何以要博览群书,非但博览,并深入地思考,且时有独到的感悟。这本集子里的不少篇章,都作了生动的展示,我不在此一一列举。

关于旅行,他有《旅行的意义》一文,他引用了《庄子·秋水》中河神与海神的对话,阐明人的认识可以通过旅行改变。

他的商务旅行带他走过许多地方。他的个人旅行则有明确的目的,经过策划。我注意到他在《青溪文集》里所述的太行之旅,携着妻儿自驾游去看了红旗渠。有意思的是还有一篇《感受北大》,文章的开头说:“2007 年 8 月 19 日清晨,空气中有点丝丝凉意,微微的风吹来,浸润人心,柔软似锦,我和儿子为了赶时间,五点钟就起了床,急匆匆地出了清华西门,又穿过一道道绿茵,来到了向往已久的北京大学。在这如诗如画的景区中,我完全陶醉了。在这里,参观学习了两个多小时,虽然骨头像散了架一样,但是这段时间,丝毫都没有浪费。我似乎收获了许多。”文中说:“博雅塔就凸现在我们面前。先前影影绰绰、直指云霄的塔影一下子变得清晰可见,触手可及。拾级而上,细细体味每一台阶的历史,我好像看到了一代又一代中国学子,从这里眺望世界,走向未来,以坚毅的、顽强的、前赴后继的精神,传播着文明种子的声音。低头看看自己,拂去身上的尘埃,抿了抿鬓前的头发,昂起头,自信地说:‘我也会踏着你们的足迹,前行,直到永远。’”文章的结尾说:“出了北大,我漠然,我像失去了什么。我无助,急促地想要抓住什么,我的心中有一团迷雾,有一份懊悔,有一缕思念,有一腔希望,看着儿子,升腾起来。”之所以引用了《感受北大》的许多文字,是以为此文非但有意思,且颇有意味。

这个集子的第一辑《背包客》,计九篇旅行文字,有六篇是属于青藏高原之旅的,《布达拉宫下的雪监狱》《布达拉宫深处的忧虑》,都不直说布达拉宫的巍峨辉煌,将目光和思考深入历史,深入到农奴制那个曾经的悲惨世界,深入教派的残酷斗争和诗人六世达赖的浪漫故事。别开生面。这个别开生面,反映着作者的向真向善向美之心。

行万里路,读万卷书。这是中国文人的传统。尹新江不是以文谋生之人,他有他的职业,他做电脑软件开发,算不上是圈内的文人。尹新江读书,他渴求了解历史。尹新江行路,他希望了解世界。怀着向真向善向美之心去读书和行路,自然会得到相应的回报。这是一个互动的过程。一个了解历史了解世界的人,就会知道自己身在何处,也就会知道去向何处。当然也就会逐步学会如何将身为人的这个人字写好。

仿佛看到了新江埋头于书房的情景,仿佛看到了新江行走在路上的身影。读了他这部书稿,也仿佛读到了他这个人,读到了他这个人在阅读和行走中的成长。

我一个八十岁的读者,读了这位四十岁作者的书稿,也算是隔代阅读吧。我在开头说了欣赏、欣喜,这里,我要再加上两个字:欣慰。

是为序。

2011 年 3 月

序《梨花语》

我和宁陵算是有缘。

上世纪七十年代初某年那个料峭的早春,曾专程去宁陵停留数日,采访张天一。张天一在抗美援朝战争中失去双脚,返乡后长期在县文化馆做传播先进文化的工作。他为保家卫国献出双脚。他对故乡对土地对人民依然爱得深沉。他对理想的向往与追求依然执着。他有一颗金子般的心。他闪耀着人性光辉的品质,深深打动着我。

八十年代初,结识了宁陵县逻岗乡穴庄村的残疾人业余作者黄培民。因肌肉萎缩,他的下肢几乎完全消失,只能长年半截身子竖着。或看场,或看菜园,或灯下,他都用读书和写作充实他的残缺的生命。他的坚韧得到回报,他获得了商丘地区、河南日报和宁陵县的文学奖,他成为河南省作家协会会员。他说过，他要用稿纸铺满他通向坟墓的路。这真是让人不忍听不忍看的残酷美丽。培民向我说过，他与妻子谈婚论嫁时，已发现自己有肌肉萎缩的迹象，他告诉了她，请她做出选择，她选择了不离不弃与培民共同走过预想中的艰难的人生之路。她独自承担起这个家，培育三个女儿长大成人。他们的小女儿黄瑾在读初中一年级的时候，大姐已经出嫁，二姐在读卫校，她看到已生白发的妈妈拉车时连个扶把的人都没有，她不顾父母的反对，自己毅然决定退学回家，小小年纪十三四岁的黄瑾要帮妈妈支撑起这个家。黄培民和他的妻子他的女儿，都是普通的平凡的人，他们艰难困苦地生活在底层，他们用亲情互相温暖着，他们都有一颗坚强又柔软的清洁纯净的心，他们的心也同样散发着人性的光辉。

张天一、黄培民和他的妻子及女儿，是我最初结识的宁陵人。我对宁陵人心怀敬意。

回想起来，我是 1974 年 2 月到过宁陵县城，已是离别了三十七年。1986 年 3 月某日我曾驱车专程到宁陵逻岗乡穴庄村黄培民的家去看望过他，也已是二十五年之久再未踏上过宁陵的土地。因此，今年清明过后，河南省诗歌学会告知我要组织一些诗人去宁陵看梨花，我虽年已至耄耋，我虽是个非诗人，也兴致甚高非常喜悦地参加。我另有心事在，对宁陵好像还有一份思念和牵挂。

《梨花语》这本诗集，就是梨园诗会留下的诗篇。诗遇见了花，诗就变成了花。花遇见了诗，花就变成了诗。他(她)们的相遇，是最美丽的相遇。老中青三代诗人都爱恋着梨花，或纯情，或深沉，或鲜亮，或哲理，诗人们以各自的风格各自的方式诉说，那都是他们心中流淌出的真情，对梨花的真情。我熟悉这些诗人，他们不但在河南省内著名，有些在中国当代诗坛也占有各自的席位。

我注意到这本诗集里还收有商丘市的诗人们和宁陵本县的诗人们歌咏梨花的诗作。宁陵县两位青年诗人的诗作，我读后，眼睛为之一亮，我以为是好诗，并不输给那些著名诗人的作品，这大约是因为他们长期在这块土地上生活，情更深，无可替代，这是他们的优长所在。

只有我的诗不好，把我的诗排在首题，叫我羞愧难当。编者大约是为了敬老吧。想了想，老了老了皮也就厚了，排了就排了吧。

为什么说我是非诗人呢？因为我已经是三十年不写诗，我早把自己从写诗的人中开除了。这次来宁陵看梨花，竟得诗一首，连我自己都感到惊异。感谢宁陵，感谢梨花，重新启动了我停滞了三十年的诗思。

我在诗中说：我老眼昏花/昏花老眼/看梨花/看那一朵朵洁白/看那一片片清纯/梨花/和老眼/都只剩下/迷离。我看到了什么？为什么迷离？我看到的是梨花吗？那是一颗颗洁白的心，那是一片片清纯的情，那是向真向善向美、质朴真挚的灵魂。是我从张天一、黄培民那里看到的宁陵人的心宁陵人的情宁陵人的灵魂。

看了宁陵的花，喝了宁陵的酒，见了老朋友，交了新朋友，不思归去，也得归去了。

祝长寿之乡的宁陵人长寿。

2011 年 7 月

为了梦中的橄榄树

上个世纪末，曾写过一篇短文《说不完的豫剧》，短文中有这样的文字：“五十年代初在开封看常香玉的《花木兰》、高洁的《罗汉钱》，至今还能想起当年自己的那份儿感动，这大约是我关于豫剧的最初记忆。”

为了查找这文字的原话，翻开了我的文集的随笔卷。在随笔卷里就又看到一张照片。那照片的说明是：由左至右，申爱萍、常香玉、南丁、高洁、于黑丁、赵铮，1991 年 5 月 25 日在河南人民会堂休息厅，省第三次文代会刚刚闭幕时。

在另一篇短文《对花甲的误读》里，对这张照片的历史背景可以作为间接的注解：“六十岁的时候，我从河南省文联主席这个职位上退下来。那是 1991 年的 5 月下旬，在文代会上，按照惯例我当然有个报告。报告完了，我在这个职位上所应尽的责任，也就画上了句号。选举完毕，有些作家艺术家拉着我在会场的侧厅里照相。”这张照片便是我从当时的一些照片里选出收在文集里的。

如今是2012年，二十一年过去，那张合影照片中的黑丁、香玉、赵铮，已相继作古。活着的三位，或已耄耋，或已望八，或已古稀，也都到了迟暮之年。

高洁首演《罗汉钱》时，为1953年。那年她十九岁，一个俊秀的小姑娘。五十九年过去，她早已是个奶奶、姥姥。

在半个多世纪的时间长河里，时代给她提供了什么机遇，她为时代作了什么奉献，生活给了她什么馈赠，她对生活作了哪些回报，她从一个连河南话也不会讲的安徽小女孩，如何成长为一个豫剧表演艺术家，她的艺术如何日益成熟，她的生命如何日益丰沛，贺宝林的这部《拓荒与守望——高洁评传》，都给予了绘声绘色的生动描绘。贺宝林与高洁的女儿尹鸿同在河南省艺术研究院工作，是业内人士，因此，他这部书做得相当专业。不仅是专业，他是怀着对前辈艺术家的从心底生发出的敬爱之情做这部书的，做得诚挚认真。这部书的初稿，我于年前也读过，那只能算是个粗略的大纲，如今在我案头的这部定稿，面貌就大为改观。宝林追溯到高洁的老家，她的童年，她的少女时代，她的初恋，她在中学时代文艺演出队时的活跃身影，是很下了一番功夫的。

我早年是高洁的观众,因同在河南文艺界长期工作,虽不在一个单位,也成了朋友,我们又同为安徽人,先后来到河南,我又比她年长几岁,我在心里是把她当作家乡小妹的。读了宝林的这本书,我才对她有了更多的了解,也才有了更深的感动。作为读者,我要感谢宝林这本书。

一个成功的男人的身后,都有一个女人。反过来说也是一样,每一个成功女人的身后都有一个男人。高洁身后,她的身边的男人,就是她的初恋,她的先生,她的老伴尹涛。他们的终生不渝,一生相守的爱情,堪称典范,叫人动心动容。细节在宝林的书中有真实的述说,不在此重复。我倒想起刀郎唱的几句歌,那歌唱道:"爱到什么时候/要爱到天长地久/两个相爱的人/一直到迟暮时候/我牵着你的手/我牵着你到白头/牵到地老天荒/看手心里的温柔。"就仿佛这歌是专为高洁尹涛写的,专为高洁尹涛唱的。前些天,在一次聚会上碰见他们的女儿尹鸿,她问起我读了宝林的著作的意见,我向她讲了此感受,并说了这几句歌词,她小声地仿佛自言自语地说:"我家多亏有了我爸,我妈多亏有了我爸。"是这样,不论什么时候,无论怎样的情况,尹涛都是高洁的精神支撑,那是爱情的力量。

现在回到高洁的艺术上来。

时代给了高洁机遇。新中国成立初期,河南全省文工团整编,高洁由所在的淮阳文工团,被编入新建的河南省歌剧团,歌剧团后又整体改组为河南省豫剧院三团,豫剧三团的任务是演出豫剧现代戏,由此,高洁开始了她学习豫剧学演豫剧现代戏的路程。她是幸运的,她遇见了著名的编剧、导演,之后被称为豫剧现代戏之父的杨兰春。老杨还是三团团长,他对演员要求严格,又能慧眼识人,根据演员的不同素质派定角色,慈眉善目又是慈善心肠的高洁自然地就被派定为演母亲的角色。自1953年她扮演《罗汉钱》中的小飞娥始,高洁就与母亲这一角色形象结下不解之缘,1955年她扮演《刘胡兰》中的胡兰娘,1958年她扮演《朝阳沟》中的拴保娘,一发而不可收,她一生中在近六十部戏曲影视作品中,塑造过不同年龄不同身份不同职业的母亲形象,母亲这一形象就成了她的艺术符号,从而被称为"中原第一老大娘"。

高洁在《刘胡兰》中扮演胡兰娘的角色,获得极大的成功。著名戏剧评论家凤子在《人民日报》1958年7月4日发表《时代的感情和声音》,文中说:"当胡兰子就义前五分钟,母亲来了,即将生离死别的这一时刻,割舍不断十六年的骨肉之情的母亲,……残暴的现实告诉她,敌人是野兽,母亲的心被撕裂成一片片,母亲这时的悲愤是说不完也哭不尽的,高洁的表演可说是一句一啼、一字一泪,观众几乎不是在看戏,而是参与了这一壮烈事件。"

高洁在《朝阳沟》中扮演拴保娘,不用多说,她与杨兰春

（编剧、导演）、王基笑（作曲）、王善朴（拴保扮演者）、魏云（银环扮演者）、马琳（二大娘扮演者），共同创造了这部豫剧现代戏的经典。

高洁也有幸获得些学习交流的机会，她二十二岁时即随中国音乐家代表团访问欧洲。她二十五岁时去著名的上海音乐研究所师从林俊卿教授学习声乐理论。她三十岁时即登上中国音乐学院的讲坛，讲授戏曲演唱方法。这可否看作高洁的三十而立呢？

在实践中学习，在交流中学习，高洁根据自己的角色定位，根据自己的演出经验，创造出了喷口、咬字、嚼字、钢音、柔音、颤音等演唱发声方法，形成了自己的风格。

高洁参与了开垦豫剧现代戏这片处女地，她与同代的豫剧现代戏人共同创造了豫剧现代戏的辉煌，她是拓荒者中不可或缺的重要角色。

1999 年 6 月 2 日，高洁在《大河报》上发表纪念艺术前辈阎立品的文章《从艺当学阎立品》，文中说：“这是一个多么有骨气，多么值得敬佩的艺术家啊！现在的演员，在人品艺德方面应该向她学习，应该树立起起码的自尊。”

这是高洁的心声，她自己就是这样的人。功成名就后，她有拒绝，有拥抱。她拒绝诱惑，如金钱。她拥抱艺术，她积极参与公益演出，为了艺术的传承，她不顾年老体衰，用了许多时间和精力去辅导县剧团和村文工团。这就是表演艺术家高洁对艺术的守望。

行文至此,我突然联想起《橄榄树》那首老歌。高洁在心中供奉的那圣洁的艺术理想,就是她梦中的橄榄树,她的拓荒,她的守望,全是为了她梦中的橄榄树。

2012 年 10 月 26 日

心有多远，就能走多远

胡昌国的第一本散文集《心归何处》，于 2010 年出版。王剑冰为之作序：《循着心灵的阅读》。王钢著文评论，曰：《有一种善良叫真挚》。

昌国拟出的第二本散文集《心有多远》，放在我的案头已有多日。他嘱我在书前写些文字。我颇费思量。我猜想，昌国已经等待得有点着急了。为此推迟出版日期，我是有歉意的。

《心有多远》的书稿，我当然仔细地阅读过了。《心归何处》，我也浏览过。以为那文字都是真挚的，剑冰的序言王钢的评论，也都是真挚的。他们为昌国的真挚的文字送去真挚的祝福。

我原也可以学着剑冰王钢为昌国的真挚文字送去真挚祝福。作为一种补充，我又想说些另外的话。这就是我犹豫多时思量多日的原因。现在,我试着如此做。

昌国这个大别山的孩子,在少年读书时,即有文学情结,小小年纪就博览了《三国演义》《西游记》《水浒传》等古典名著,又曾创作过剧本《爱国粮》、抒情长诗《放歌金刚台》。他第一篇公开发表的文字是载于《河南日报》的《语不惊人死不休》,他第一篇公开发表的散文是载于《百花园》的《簪子河边》。均发表于三十多年前的上个世纪七十年代末。那第一篇文字宣示了他对文学死不休的追求,那第一篇散文显示了他的文学才情。

此后,大学毕业,分配到省城机关工作,时光荏苒,一去三十年。那早年的文学情结呢?那早年的文学才情呢?依然埋藏在心底。在一个早晨,或许是许多个夜晚和早晨,逐渐将那埋在心底的文学情结唤醒,于是,这才有了那本《心归何处》。

昌国在《心归何处》自序中说:"心归何处,心归山水文章。这也许是我后半生最好的心愿归属。……但愿,从此情有了依托,心有了归属。"这种心愿归属,是颇为感人的。照我的解读,这种心愿归属,就是归真归善归美。因为,文学的本质即是向真向善向美。"心有了依托,事业也许会做得扎实,人生也许会走得坚定。"第一本散文集出版,昌国的喜悦心情溢于言表。

在这本《心有多远》的自序中,昌国说:"原来设想得很好,原来的预期也很好，总想第二本应该比第一本有很大进步，有很多提高。但是既让读者失望，也让朋友失望，恐怕更失望的是我自己……第二本书，无论是感情的倾诉，还是文字的凝练，抑或是技法的运用都让我很不满意，除了文章涉及的范围可能扩大以外，基本上没有突破……”似乎是有点沮丧吗？我听到的却是“语不惊人死不休”的声音，那是昌国于三十多年前从心底发出的声音。这是一种积极的自觉的追寻的声音。

《心有多远》所收四十篇散文随笔，共分七辑，即《故乡的枫香树》《清明雨》《思念交向远方》《心动与心痛》《学写毛笔字》《师恩难忘》《井冈翠竹》。从各辑的命名即可知道，多在写情：故乡之情，思念之情，师生之情，革命之情，等等。诉之于情，这正是散文之要义。其文字也是真挚的。感情的倾诉，文字的凝练，技法的运用，比之《心归何处》，应当说，也略有进步。昌国自己之所以感到失望和不满，只不过反映了他急切的心情罢了。期望在短短的两年间就有很大的进步很多的提高，是不切实际的。

但这里，的确有个问题可以与昌国讨论一番。

在机关生活了数十年，那种话语环境中，其思维方式表达方式是偏重于理性的逻辑的。并不是说这种思维方式表达方式有什么不好，但它与文学的思维方式表达方式确是两种不同的方式，文学的思维方式表达方式是要偏重于感性的形象的。

昌国在这种话语环境中几乎浸泡了半生，不可能不受到潜移默化的影响，甚至会成为自己的一种习惯的思维方式和表达方式，这会影响到文学写作，会影响到文学的思维和文学的表达。这种影响是潜在的，仔细寻找，仍能看到它的踪迹。总体上说，它会影响到昌国的文字的湿润、丰沛，色彩的缤纷，个性化、感染人打动人的力量。昌国需要逐渐调整思维方式和表达方式，在这种调整中，充分将自己唤醒，或者说充分将自己打开。是的，打开，将自己打开，充分地打开。如此，就会看到自己的文学篇章会有另一番景象。

昌国是个明白人。看那眼神，是个聪颖的人。看那精气神，是个有着生命活力的人，又是个有着多年生活历练之人。我说的这些话，昌国自己大约已经考虑思索过许多次了。那么，就算我说了蠢话，说了多余的话，说了废话，供昌国一笑罢了。

昌国对生活有信念，对理想有信仰，对文学有死不休的追求。凭着这些支撑，梦有多远，心就有多远，心有多远，就可以走向多远；为此，我向昌国送去祝福。

2012 年 10 月 20 日

刘育洲的《铁门》

2010年,刘育洲写出三十集电视连续剧《豫西汉子赵耕郊传奇》,我曾应邀参加过该剧的剧本研讨会。之后,育洲又据此素材改写小说,三易其稿,我看过第三稿,感到电视剧的痕迹依然浓重,并未小说化,就建议他在叙述表现手法上再向小说靠拢些。如今呈现在读者面前的就是这部小说的第四稿。

赵耕郊这个人物,不是作者刘育洲创造的人物,是生活中真实存在的人物。因此,这部小说,有非虚构的性质,或者就按照当前流行的说法,是非虚构小说。主人公及有些历史人物采用真实姓名,其他人物多采用化名。只是赵耕郊这个人物的大的关节,皆有经得起推敲的史实依据。

感动着我的,就是这个人物,就是这个赵耕郊,这种感动,从电视连续剧剧本到小说的阅读中,一直在持续着。

赵耕郊,1916年出生于河南省宜阳县盐镇乡刘岭村,2012年逝世。他的生命穿过一个世纪。生于乱世、长于战乱的赵耕郊,他的生命注定与我们这个民族的生死存亡血肉相连着。就是在这种血肉相连中,他的生命闪耀着令人感动之光。

小说的题名由电视剧本的《豫西汉子赵耕郊传奇》改为《铁门》,也是改得好的。铁门,新安县就有个铁门镇,距赵耕郊的宜阳县盐镇不算远,为张钫(张伯英)将军的家乡。赵、张两家还算有点亲戚关系。但这里的铁门则不是实指,带有一种抽象的意味。一出铁门是指出了国民党劳动营的铁门。二出铁门是指去赴日军在铁门镇设下的所谓谈判的鸿门宴,化险为夷地破了日军设下的要谋杀他的局,安全出了铁门。三出铁门,则是指出了因受诬陷而陷入的十八年的冤狱之铁门。三出铁门,抓住了赵耕郊命运的三个节点,勾画出了这个共产党人的忠诚的灵魂。

乱世,上世纪三四十年代的豫西山区,是乱世的集中体现,为乱世的典型环境。国民党、日军、伪军,土匪也丛生,各路土匪占山为王。中国共产党的地下组织,就是在这种乱世典型环境中进行着艰苦卓绝的抗日战争、解放战争,赵耕郊就是在这种艰苦卓绝的斗争中塑造成他自我的人格。

作者刘育洲也是宜阳县人,熟悉自己家乡豫西山区的历史、人物、山川、风情、语言,等等,这部小说,不论在人物塑造还是在氛围营造上都生动传神，能吸引读者有兴味地进入阅读。试举一例，占山为王的土匪头子黑寡妇，对投奔来入伙的人要进行考试，让投奔入伙者头上顶一个瓷碗，让人迎面将其一枪击碎，随后检查裤裆，裤裆干者留下，裤裆湿者走人。如此传神的描写，比比皆是。读者可尽情享用。

赵耕郊的冤案，直至 2010 年他九十四岁时才得以彻底昭雪，在名誉上恢复了他共产党人的本来面貌。2012 年，他九十六岁时去世。他在这个世界上的最后两年，内心才得以平静。这里也有一个闪亮的细节。他是 1938 年入党的老共产党员，是离休老干部，按规定在医疗上有优诊待遇。他的外甥自己看病，竟以他的名义报销了，他得知后，勃然大怒，打了他外甥一记耳光，并喝令他外甥将报销款全数退还国家，否则他就不吃饭。这对于赵耕郊来说，是一种自然的爆发和流露，他绝未构思这个细节闪亮与否。这一记耳光仅仅是打向他外甥的吗？想来，不少人会为此汗颜吧。

刘育洲早年艺术学校毕业，长期在洛阳从事戏曲创作和组织领导工作，他的剧作曾屡屡获奖，是一位有成就的剧作家。1984 年他调至河南省戏剧家协会任副秘书长，我在文联主席的任上，与育洲曾多年共事。后来，我们先后退出工作岗位，在一个老干部支部过组织生活，在一个老干部合唱团一起放声高歌，一起出游，相处比共事时更多，就成了朋友。他比我年轻五岁,也已七十有八,也是个老人了。数年间,他将以赵耕郊为题材的作品由电视连续剧改为长篇小说,五易其稿,辛劳自不必说。我猜想,他也是因为被赵耕郊这个人物感动得欲罢不能吧。

《铁门》所呈现的赵耕郊的真实故事,对于阅读者,在精神层面上,可以充氧和补钙,可以健康心肺和强壮筋骨。我作为读者,读后就有此等感觉。

将赵耕郊镌刻留存在文字中,我以为是种意义重大的劳作。作为读者,我感谢育洲的辛苦,乐意写下以上的简约文字,权作此书的序言。

2013 年 12 月

序《生命的灯》

与新县有缘。

上个世纪五十年代末六十年代初，我曾以不同的方式在新县生活过五六年的光景，周河的夏咀、浒塆，泗店的边店、箭河，以及县委的老平房院，都是我居住过的地方。或用脚或用自行车丈量过沙窝、吴陈河、千斤、郭家河，以至红安的七里坪等等许多地方。我在那里劳动、工作、采访、写作，与百姓一起饿其体肤劳其筋骨，共同度过一段艰苦岁月。当然交了不少朋友，心贴心的朋友。新县给我滋润，新县予我震撼，虽已四十年过去，仍不能忘。

新世纪以来，2001 年有机会去新县参加全国散文研讨会，会后留下，专程去夏咀去边店重温记忆。依然活着的老人，看着变老了的我，相见仍相识，一下就直呼出相别几十年的我的名字，大家相握相拥，令我十分感动。回省城时，专门选择了坐京九线的火车，睡一觉，天亮时就到了。想起从前来往新县的艰难，这一回火车之旅真是种快乐的体验。

2004年，就是今年，前不久又去新县，又去看了吴焕先同志故居，又去看了许世友将军墓，又去看了鄂豫皖苏区首府和红四方面军总部旧址。常看常新，每看一次，那血与火的历史烟云就会再次涌到眼前，那高尚那美丽的力量就会再次撞击心灵。

县里的同志陪我们在县城散步，我记忆中的昔日新县的踪影再也寻找不到。这是新县吗？这是我的梦中花园。我说梦中花园，绝无夸张之意，的确是我的真切感受。一边散步一边就想，如今居住在新县县城的人们有福了。

从新县回省城不几天，有福的人们就来了，带来他们所写的一本散文集的打印稿，名曰《生命的灯》，分《远方情思》《精神家园》《如烟往事》《人间真情》《屐痕处处》五辑，计一百一十三篇。要我作序。此事早先在电话中说过两次，我都愉快地承诺，这回终于高兴地看到了作品。

我进入认真的阅读。多为新县的作者写新县的人新县的事新县的情新县的景新县的历史新县的如今。作者有些是我熟悉的有些是不熟悉的。不论熟悉与否，阅读他们的作品，我都如同听到乡音那般亲切。为什么这样说呢？新县有条江淮岭，岭南为长江流域，岭北为淮河流域，新县是处在江淮之间的。我祖籍在长江北，我出生在淮河南，我也是江淮之间人。此其一。其二，我在新县生活过两千多个日子，新县是我追忆思念怀想的地方。因此，我的阅读过程就如同与朋友们一起聊天，一起谈论我们熟悉、我们感动的共同话题，我觉得温馨，我感到快乐。

或朴实真切，或空灵飞扬，在艺术风格上各有所长，我以为大都是从心中流淌出的文字，这就与有些硬做硬说的文字区别开来。感动了自己，有话要说，不吐不快，这才行诸文字，这就叫从心中流淌出的文字。这部散文集里，大多篇章做到了此点，这是难能可贵的。我坚持认为，真情流淌，这是散文的第一要义。

新县朋友真诚相邀，要我也在此书中参与一篇文字。现将四十年前发表的《花台崖》奉上，是追忆我敬慕的一位大别山女英雄晏春山的。能参加诸位的合唱，甚为高兴。

我年轻时在新县数年，收获多多，其中还有一条收获就是向大别山的农民学会了唱大别山民歌大别山情歌，这些民歌情歌几代传唱历久不衰，可见其艺术魅力之深入人心。我就想，大别山这样自然朴实神奇浪漫的地方，也应当生产出传之久远的散文篇章，那就是我们企盼的散文经典了。新县的及大别山区的诸位朋友，让我们齐努力。

是为序。

2004 年 6 月 19 日

兰草花·映山红

闻到兰草花的幽香,就听到春天的脚步声了。看到映山红的烂漫,就被春天拥抱着了。

因为是春天来了,就想起兰草花和映山红。但我所居住的城市,既闻不到兰草花的幽香,也看不到映山红的烂漫。这里闻到的是多种污染源组成的超标的 PM2.5 和 PM10,看到的是水泥森林般的楼群、车流和人流。有时候,不少时候,甚至许多时候,什么也看不见,整个城市被雾霾所湮没。一切皆在雾霾中。

那么,在城市中的我,怎么会闻到兰草花的幽香,看到映山红的烂漫的呢?那是在记忆里,那记忆始于半个多世纪前,那记忆够遥远。

上世纪五十年代末六十年代初,我曾以不同的角色不同的方式,在大别山生活过五年多。那么,就有六个春天,兰草花的幽香润我肺腑,映山红的烂漫亮我双眼。

亮我双眼润我肺腑的,是大别山的映山红和大别山的兰草花,这大自然中的花神花仙。

这花神花仙,为大别山人而开。是对大别山人的为人的生存和人的尊严而斗争的传奇的礼赞。

从大别山人的故事中,从大别山人的歌唱里,我闻到那兰草花的幽香,我看到那映山红的烂漫。

润我肺腑亮我双眼的,是大别山人。

年轻时,在大别山的六个年头的生活,对于我来说,是难忘的。

所以,在离别了半个多世纪之后,那一天,我在新县文学艺术馆的案头铺展开的宣纸上,写下了八个毛笔字:大别难别,永在心怀。

新县拟出版“兰草花 · 映山红”丛书,要我写点什么。就写下如上简短文字,作为我的祝福。

2014 年 4 月 15 日

《人民艺术家常香玉》序

面对周淑丽自1962年至1994年所拍摄的这一百余张生动传神的照片，一张一张看过来，我就又见到了常香玉的音容笑貌，仿佛又在和她聊天谈心。

周淑丽是资深的摄影记者，这本照片集就是她三十多年来跟踪采访所获的成果，真实地记录了常香玉艺术人生的方方面面，使人们得以重睹艺术大师的风采，弥足珍贵。为此，要谢谢淑丽的辛勤劳作。

我少年时就看常香玉的戏，青年时与她相识，上世纪80年代以来，又长期在省文联与她共事，之后就成为经常走动、不见常思念的朋友，直至她去世。与她的相处交往中，对她愈了解，就愈感动。

常香玉是一个农家女，一个豫剧演员，一个人民艺术家。

这个人民艺术家可不是个空泛的词，是国务院正式命名的。而且至今为止，在艺术界，只有常香玉是唯一为国务院命名的人民艺术家。这是最高荣誉。

上世纪50年代以演出所得捐献香玉号飞机支援抗美援朝，获得“爱国艺人”称号，她是个伟大的爱国主义者。自那以后，诸如大兴安岭森林火灾，炎黄二帝巨型塑像，救助下岗职工，抗击非典斗争，等等，她都挺身而出，或为之义演，或捐赠善款，她是个对国家对社会对人民有着一颗滚烫的爱心之人。

香玉是个家常的人。1996年，我与香玉一起去北京参加中国文联第五届全委会第二次会议，会前，她约我去逛王府井，说是受托要为邻居捎两双布鞋，她自己想换一个手表表带。我就看到她在王府井百货大楼卖布鞋那一块，按照邻居的嘱咐而耐心地转悠，细心地挑选。在王府井的一家钟表店，她挑选表带，总嫌太贵。1998年，曾在香玉家吃过三次饭，两顿捞面条，一次卤面，还有蒸槐花。1988年春暖花开的时候，为香玉杯艺术奖筹措资金，香玉与她老伴宪章率团西行演出，第一站为巩义某乡镇，我曾驱车专程去探望，与香玉、宪章共进午餐，也是捞面条。又想起上世纪60年代初，我在豫南一个村子搞社会主义教育运动，香玉和几位豫剧演员也到那个村子住过一段时日，她们是去体验生活，了解农民，还在田边地头为农民演出。那时规定，不准吃鸡鱼肉蛋，香玉她们都很守规矩。对于农家女出身的表演艺术家常香玉,农家饭很好,面条、蒸槐花,足矣。

常香玉是个家常的人。又是将自己活成一个传奇的人。你不觉得她是个传奇吗?

我曾试着用不同的词语,来状写常香玉,来表达我的感动,表达我对这位比我年长八岁的、我在心里敬着爱着的大姐的敬爱之意。

比如:香玉风度。1991 年第三届香玉杯艺术奖颁奖大会的演出中,常香玉登台唱了段《花木兰》,那年她已年近古稀,她那一声"谁说女子不如男",不但高昂、激越,还很苍劲,就是如此高昂激越苍劲地撞击着人们的心,特别是撞击着男士们的心。好一个"谁说女子不如男"!香玉倾其一生诠释这句话,这就是香玉风度。在寻思、品味香玉这种风度时,会逐步得到一点悟,得到一些快乐,那就是从卑琐中从嘁嘁喳喳中从小家子气中逐步解放出来,像常香玉那样为国家为人民为社会多办些好事的悟和快乐。这是大悟、大快乐。

比如:创造美丽。2003 年,第九届香玉杯艺术奖评出之后,那年的夏季,六月上旬,香玉从北京大病初愈出院回到郑州,她给我电话,在电话中,她讲了她的大病,讲了医生对她的有效治疗,她对医生表示感谢。她讲了此次评奖承蒙《大河报》全力支持,她感谢《大河报》。她讲了此次颁奖活动仍拟借河南电视台《梨园春》栏目举办,她感谢《梨园春》。对生活对他人，香玉总是充满着感激之情。此前几天，在《大河报》头版位置，看到香玉为抗击非典斗争捐赠善款的大幅照片，三个女儿陪伴在她身旁，站在另一侧的《大河报》总编辑满脸都写着感动。那年香玉八十岁。八十岁的香玉笑容依然美丽，流溢着女性的慈爱的魅力。就是这个电话这幅照片，激发我想起“创造美丽”这个词。作为一个艺术家，香玉在舞台上创造美丽——壮丽之美的花木兰，凄婉之美的白素贞，俊俏之美的红娘，等等，都是常留在观众心中的美丽形象。作为一个人，香玉在生活中创造美丽，从上世纪50年代为抗美援朝捐献香玉号飞机始，到近日为支持抗击非典斗争捐赠善款止，从二十多岁至八十岁这半个多世纪以来，她在生活中创造了多少美丽，她自己也未必能说得清楚。因为，创造美丽对于香玉来说，她是当着日子过的，谁能将自己的日子说得一清二楚呢？创造美丽，于是，也就创造了美丽的自己。常香玉做到的，我们未必都能做到。但是，虽不能至，心向往之。如此，总会距离美丽近一点。

2004年春天，香玉大病复发，重回医院治疗。多日之后，陪伴在她身旁的她的长女常小玉给我电话，说起她妈妈在病中有时会想起我，回忆起和我说话聊天的一些情景。我问了她妈妈的治疗情况，祝她妈妈早日康复，并请她代我向她妈妈问候。我总以为香玉是重回北京住院，所以在电话中我并未问及在哪里住院。小玉大约以为我应当知道她妈妈在哪里住院,所以并未说起她妈妈在哪里住院。直到 6 月 1 日,香玉逝世,我才恍然知道香玉就在郑州的省人民医院住院。阴差阳错,在她病重时,我竟未去看望她。不管因为什么,我觉得对香玉我有亏欠,至今,我仍觉得这是件憾事。

举行香玉遗体告别仪式那天,阳光灿烂,在灿烂阳光的照耀下,那么多的人啊,男的女的老的少的,从各地自发赶来的成千上万的人们,一起涌向殡仪馆,都是爱戴她、迷恋她、惦念她、怀想她的戏迷,都要最后看她一眼。我就是在这人头攒动的人群之中,被推拥着与人们一起走向安详地长眠的常香玉的,向她默哀,向她鞠躬。就是在这人群中,我真切地感受到一个真正的人民艺术家,与人民之间有着怎样浓得化不开的血肉相连、心灵相牵的关系。常香玉就是这样的人民艺术家。人民艺术家,这的确不只是一个干巴巴的称号。

不觉间,香玉已走了十二年。香玉美丽的灵魂在天国必定安宁。因为,有这么多这么多的热爱着她的人们的心在温暖着她。

2016 年 5 月 25 日

《女士们，先生们》序

该书作者李韬为虞城人氏，所以我就想起虞城。

1957年早春，我在《河南日报》读到一则消息，说是虞城有位回乡知识青年叫李友轩的，在养猪场喂猪，他凭着一只哨子能指挥猪群集合吃食，解散休息，人称“猪司令”。这则消息拨动了我的好奇心，我由郑州专程乘火车去了虞城，在养猪场住下，近距离地与李友轩及他的猪们相处了数日。李友轩的哨音，在他的哨音的指挥下猪们的行动，至今依然如在耳畔眼前。那是我第一次去虞城，第一次接触虞城人，给我的印象是虞城人是用心用脑在做事的人，是认真的，又是聪慧的。

此后，在上世纪七八十年代，相继结识了李明性、赵世信、张兴元三位，他们或是编辑、或是官员、或是作家，编辑明性和官员世信也都在业余写小说散文，皆有所成。三位都是虞城人，给我的印象，不但认真聪慧，且实诚热情。我所接触的虞城人，给予我的都是正面的东西，让我感觉虞城人可交。

虞城，也不止一次去过，上世纪八十年代初，商丘地区文学社团颇多，以虞城为最，我曾去那里与文学社团的青年作者们座谈聊天。当然也顺便去看了女英雄花木兰的故里。

李韬这个虞城人，是于梦魇般的十年浩劫结束那年的1976年来到这个世界的。有福了！倏忽间四十年的光阴就荏苒而去，李韬也到了不惑之年了。在当今，我以为可以将不惑之年解读成风华正茂。四十岁，正是一个人的夏季，所谓的灿若夏花，正是在这一季节绽放的。

李韬于读小学四年级的暑假时，到同村一个师范毕业的叔辈家玩，见他正在临习《多宝塔》，即被书法的魅力吸引，从此开始习帖练字，多年不辍。大学毕业，他应聘到省城一家行业报纸《质量时报》，当时应聘者甚众，李韬就凭他自制的一册线装的《李韬书法作品集》，而被录用。在报纸做副刊，这正是他所愿。他常去泡书店，买书读书，不断地充实丰富自己，这是其一；其二，在名家新作的作者简介中有时会找到作者的供职单位，他要向名家约稿。如此这般，竟约来了张中行、王世襄、吴祖光、丁聪、王元化、余性尧、黄裳、贾植芳、吴小如、袁鹰、钟叔河、流沙河、陈四益、方成、董桥、陈子善、李辉、陈思和、王晓明、钱理群、池莉、蒋子龙、刘心武等众多名家学者的稿件。靠的是什么呢？靠的是李韬的约稿信，小楷书写，一丝不苟，满纸之乎者也，一派学究模样，还有选择地奉上自己的“墨宝”，乞请正腕。李韬的这副模样，不是装出来的做出来的，这正是他的本来模样，用心用脑、实诚热情地做事待人。《质量时报》副刊办得风生水起，令人刮目相看。甚至惹得那些被约稿的作家学者，在寄稿附信时也时有“《质量时报》有质量”的赞语说出。在此期间，李韬在编辑副刊的同时，也时有以“小李飞脚”的笔名推出的时评文字，之后，结集为《逆耳》一书。

在《质量时报》的那段编辑生涯，是李韬的初展手脚，也煅造锤炼着他的编辑成色。

后来整顿报纸，行业报被叫停。于本世纪初，李韬由停办的《质量时报》去了新版的《郑州晚报》，仍做副刊做文化版，记者、编辑、主任，一路做下来，前几年做到晚报的副总编辑。不是说这个副总编辑就如何如何，而是说，这个副总编辑的确是由李韬自己的业绩支撑而来的，那业绩一一说来颇费笔墨和篇幅，且从略。至于这个职务，对于当时年近四十的李韬来说，也算是个“盛夏的果实”吧。他更看重的或是另一个果实，就是他于两年前推出的他的作品集《风雅》，上下两册，由河南美术出版社出版，包括他采写评说的八位书画家的文字，他的书法作品，还有七首赋，也包括八位友人对他的评说。书印得雅致大方厚重。这个书法集，可不是多年前他应聘《质量时报》时自制的,是正式出版物。我翻看了他的书法,我不是书法门里人,不敢妄评,但是可以说说我门外人的感觉:小楷、行书、行草、汉隶诸种书体,看起来还都是蛮舒服的。

李韬又要出书了,就是这本《女士们,先生们》。看这书名,会不会瞬间就吸引住了你的眼球?

女士三人,先生十二人,计十五位,涉及书画家、作家、学者、电影演员等行当,文字多为作者采访得来。对媒体记者采写的此类文字,一般看法是会流于肤浅,我在阅读前也对之半信半疑,并无多少信心。待至读完此书的首篇《永玉六记》,就彻底打翻了我的疑虑,甚至有点兴奋起来,忍不住赞曰:此文甚妙!文分六个章节:黄氏大展集,黄氏人生路,黄氏艺术观,黄氏读书记,黄氏品人录,黄氏一家子。全文娓娓道来,将这位出自湘西的沈从文的表侄只受过不完整的初中教育,之后做了中央美术学院教授、中国美术家协会副主席的黄永玉,这位堪称当代中国的大画家的传奇人生,他的艺术观点,他的艺术成就,他的交友,他的率性,他的放达不羁,都一一生动传神地呈现在你眼前,使你可以看到他、感知到他,可以抚摸到他的体温,仿佛你也和这位个性的九十岁高龄的老头儿有了亲密接触。不做足功课,不具备与这位老头儿有着心灵相通的能力,是断不会写出此等文字的。那么,从这篇《永玉六记》,也可以看到作者李韬的基本素质,以至这个被采访者认为有点怪的大画家,也欣然命笔为李韬题下“栏杆拍遍”这四个大字。李韬当然视若墨宝予以珍藏。

一路读下来，黄裳、赵世信、张国臣、贾平凹、梁晓声、陈村、王跃文、李巍松、潘虹、九丹、尹丽川、曹新林、高茀棠、苏飞，等等，这些人物或为我敬仰的学者、熟知的作家画家，或为曾谋面的艺术家，也有通过李韬的文字才认识的书画家，有的是李韬的朋友，也有的是我的朋友。李韬或展开叙述，或只摄取一个镜头，或长文或短章，皆有生花的妙笔，皆能传达出他所要表现的人物的各自的精气神。

以李韬的认真、聪慧、实诚、热情，可以期待他在他人生的秋季，有更丰硕更喜人的收成。

是为序。

2016 年 5 月 30 日

《被告》后记

年轻时的作品,思想和艺术的幼稚是在所难免的。随着年龄的增长,幼稚会长大。但是,我以为,不应该回过头去修改这幼稚。幼稚是不能去修改的。因此,结集在这里的十五个短篇小说,全让它们保持原来的幼稚模样。

这或许也会有一点儿好处,会透露一点儿年轻人的朝气出来。谁知道呢?

感谢花城出版社,给这些乳臭未干的作品以结集出版的机会。

1981 年岁末

《水印》自序

《水印》中多是八十年代九十年代所写的一些散文随笔。五十年代至七十年代所写,也选了极少的篇章。不论是近些年写的还是早些年写的,当然都有许多未收到这个集子里。收到这里的,是自以为还可以看的。

我对散文随笔,没有什么专门的研究。我写散文随笔,也没有什么预先的策划。触景生情,有感而发,信手写来就是。

我在本书的题记里写了四句话:在生命之河里泅泳/激溅起一片片水印/或许会转瞬间即逝/也可能长留在记忆。自以为,收在这里的文字,大体可作如是观。

除生活随笔外,也有些文艺随笔,也要求自己说心里想说的话。切忌空话假话。

我不是个勤快的写作者。懒散,使许多生情之景并未有感而发为文字。留作自己去咀嚼这遗憾吧。

时间的跨度如此之长,细心的读者会发现,一个人在生命之河泅泳所激溅起的片片水印,它们的波纹和色彩的变幻差异,也是件有意味的事情。

1996 年春分

《尾巴》自序

这个集子里的一些篇章，是荒诞岁月中的荒诞故事。

对于这些荒诞故事，如今的年轻读者，会不可理喻，会不能想象，会以为是胡编乱造，会以为简直是“天书”。

不幸的是，它们不是“天书”，确是地上人间发生过的故事。关于此，年长的读者都可作证。

年长的读者作证之后，还会不屑地说，这算什么荒诞？比这荒诞比这离奇的故事还多着呢。

年轻的读者，应当知道昨天的故事。

年长的读者，不该忘记昨天的故事。

如此，在今天，我们大家就会生活得聪明而快乐。

1997 年

《南丁文选》后记

小说、散文、随笔、诗歌、评论各选若干，加上一篇报告两篇回忆录，就算是这本文选了。各种文体搭配，好像在编一本杂志，就忍不住想笑。能否大体画出我半个多世纪来从事文学工作的轨迹呢？是与否，都可作为回答。

文学工作之对于我，是痛苦并快乐着。在我被定为右派或左派时，我曾经想过，只有告别文坛方能接近文学。如今虽早已离休，与文坛却依然不即不离。真是想说爱你不容易，想说再见也不容易。

我经历过共和国成立以来所有的政治运动，在社会这个大导演的派定下扮演过截然对立的两种角色。经历过两次较长时期的上山下乡，前一次是被改造，后一次是接受贫下中农再教育。“文革”中经历过被抄家。经历过数次迁居。有不少文字就在这种种经历中散失。其中既有幼稚的文字，更有我如今引以为耻辱的文字。假以时日，耻辱应当可以找回。待有机会编文集时，应当画出一个完整的我。

是为后记。

2004 年 2 月 8 日

《南丁文集》后记

2004年出了《南丁文选》（上、下卷），为河南省著名老作家丛书之一，由大众文艺出版社出版。除我之外，这套丛书还有青勃、李凖、乔典运、张有德诸位的选集。苏金伞、于黑丁在这套丛书之前已有诗文集或是文集出版。这套丛书，我以为，单从研究河南现当代文学这个角度说，也是有益的。也是从这个角度说，我又以为，这套丛书的编辑出版只是个开头，有更多的河南现当代作家尚未被列入，应当也可以更加规范、更加完整地编辑出版好这套丛书。诸君以为如何？

如今是2006年，五卷本的《南丁文集》即将付梓，分别是《亮雨》（小说卷）、《采钨》（散文卷）、《晕眩》（随笔卷）、《山崖》（诗歌卷）、《微调》（评论卷），约一百五十万字。文集中还收入多幅我从幼年到老年的照片，和亲人及友人在一起的照片。重读这些文字和照片，就是重读我的岁月，我的少年到白头。有何感觉或是感想吗？感觉不少。感想颇多，五味杂陈，无从言说。人人都有各自的岁月各自的少年到白头，这只不过是我的，作为一个文学人，有机会以文学和图片的形式呈献给读者罢了。如此而已。最好的选择是，自己且闭口，任读者去评说。

其实，出版文集的想法早于文选，这想法不是我想出来的，是两位豫东汉子赵世信、李明性想出来的。他们二位都是虞城人氏，就是花木兰所在的那个虞城，在那里出生，在那里上学，在少年时读过我青年时的作品，据说还比较喜欢，还留下印象。后来，世信参军转业到地方进入政界；明性进入出版界，都事业有成。业余创作也都成绩不菲。二位都已年过花甲，依然每周相聚，叙谈友情。某年春节，他们相聚时有电话来，致新年祝福后，就说出要给我出文集的想法。对他们的热忱，我很感动。正要启动之际，我老伴因病住院治疗，我终日焦虑，没有心情没有精力没有时间静坐案头，事情就这样拖延下来。2005 年初，河南省直作家协会成立，世信、明性分别当选为主席、副主席，他们就将此事作为省直作家协会的一项工作来做。在此等情势下，虽拖延经年，却依然感到时间匆促，无法兑现我在《南丁文选》后记中“应当画出一个完整的我”的承诺，歉然，谅我。虽已七十有五，依稀觉得我的东山日头还有一小堆呢，承诺之事,总还有时间做。

文集得以在今日出版,当然要感谢与我有着淡如水的君子之交的这两位豫东汉子和河南省直作家协会。我以为这不仅仅是对我个人的支持,也是对河南文学事业的关心,因为他们在此之后,还有许多想法呢。同时,还要感谢为此套文集做出贡献的人民日报驻河南记者站的站长李杰,企业家姚忠良、冯鹏诸君。

张胜为文集做了精美设计,向他表示谢意。

河南文艺出版社诸同志辛苦了,也向他们致谢。

是为后记。

2006 年 4 月 26 日

《半凋零》自序

有关朋友的文字，累计起来，也竟可观。

或状其人，或论其文，或评其艺，或悼其魂，当然都局限于我彼时彼地与他们的交往，对他们的认知。

我一生都在文艺界工作，朋友就大多在此界别里，也有虽不在此界但业余从事文学写作的朋友。我的工作局限着我交友的范围。

也有例外，如这个集子里所写的文香兰、袁隆、王衍昭、黄培民。

1958年，我曾在鲁山县张良区的小老庄村文香兰的家中住了大半年，直至那年年末，与文香兰与她的丈夫张志华当然就都成了朋友。志华当年任生产队长，寡言少语，为一出色的猎手，上地干活常扛着猎枪，回家时那猎枪的枪筒上会不时挂着一只两只猎获来的野兔，野兔就成为全家的餐中美食。《文香兰的性格》为1963年所写，那年她曾来省城出席劳动模范大会。文中所述为1952年文香兰农业生产合作社假报丰产遭到揭露遭到社会的普遍谴责后，合作社面临崩溃散伙之际，这个当年十九岁的乡村女孩依然坚持办社的故事。这是那个乡村女孩在那个历史瞬间的足迹，反映着她性格中虽遇艰难而不屈的倔强。至于那足迹如何，让历史去评说。那之后香兰的生活故事是，她曾当选为中共第八次全国代表大会代表，河南省委常委，之后又做过许昌地区副专员、长葛县委书记，最后在河南省计划生育委员会副主任的任上退休。前些日在纬三路上偶遇她，她说是送孙女上幼儿园。香兰比我小两岁，如今也是八十二岁的老奶奶了。

因为采访黄河，上世纪五十年代初就与袁隆这位老黄河相识。九十年代，依旧因为黄河或因为解决河南吃水困难，他帮我我帮他，交往颇多。新世纪始，彼此更多闲暇，就更多交往，或我去他家或他来我处，小坐，说话。黄河水利委员会为副部级建制，他这个黄委会主任离休后按正部级待遇，每年都按规定去北京检查一次身体，每次检查回来，都会乐观地告知我好消息，没问题。2008年，他九十岁时，从北京体检回来，又来家中小坐，照例告知我，没问题，并宣称准备要活到百岁。我送他下楼，看他身板直溜脚步轻捷，就全信了他的话。事过不久，翌年即2009年某日，接袁隆的儿子原河南文艺出版社副社长袁健电话，说是他爸昨晚心脏病突发抢救未果，去世。我无语。我去了告别仪式现场，看了老朋友最后一眼。

上世纪七十年代初，我们家在伏牛山区的下营村插队落户，近三年时间。王衍昭是下营生产队队长。与王衍昭的友谊、交往，一直持续到近年。衍昭于2009年春天去世。我总以为，他的去世与我有着某种关系，所以我总是有种愧疚的心痛。这些，都写在《下营》里了。

黄培民，为豫东平原宁陵县逻岗乡穴庄村的农民，残疾人，业余作者。我曾去他那所四处透风的茅屋探望过他，他的小女儿来省城接受培训时也来看望过我这个爷爷。培民已逝，我那小孙女也无音讯，许多年过去，我不时会想起他们，思念他们。

这些人，或为民，或为官，都是我记忆中的朋友。

文艺界朋友，有我的前辈，我的同辈，或比我年轻的朋友。前辈中有不少已先后作古，同辈中也有些先后逝去。是所谓朋友半凋零。花开花谢，自然规律。

1986年，我在为《散文选刊》撰写的《纪念华山小记前言》中曾经说："悼念文章，就是写来让被悼念者永远看不到的文章。这世界，为什么要有这样的文章?"读者可以看到，我对已逝去的朋友，可称为悼念文章的不多，多为在他们生前所写。文章的排序，长者为大，按出生年月排列。关于逝者的文章，作为这个集子中的上辑。《有瓦的日子》记述了我亲人们曾经的苦涩,父母兄姐俱已不在人世。也附在上辑的最后。

下辑,所写则为依然健在的朋友,依然律动的生命,仍在开放的花儿。援引上辑之例,也按年岁排序。早年曾评说的一些青年作家,那时他们是刚刚绽放的花朵,如今已长成好大一棵树。《女儿的 2011》,放在下辑的末篇,女儿也是朋友。

考虑到此书的体量,在编定时,又忍痛拿下三十个篇目,多是为朋友写的序言。或可另编一本序跋集。

半凋零。原来设想,书名就叫《朋友半凋零》,由“知交半凋零”而来。与女儿通话,女儿说就叫《半凋零》也好。想想,女儿说得有理。“半凋零”的意蕴或更深广。朋友、亲人,暖我人生,是我生命的一部分,朋友半凋零,亲人半凋零,我的生命也就半凋零了。我已是耄耋之人了,来日没有去日多,还不是半凋零吗?正要感伤之时,又想起还有句话:“莫道桑榆晚,为霞尚满天。”又暗自有点欣慰。

有必要说一下文体。收在这个集子里的文字,状其人者、悼其魂者貌似散文;论其文者、评其艺者貌似评论,好像是一个跨文体的合集,颇有点不伦不类。实际上,我的散文我的评论,皆可作为随笔来读。不信,读读看。皆是有关朋友的随笔文字。说这是一本随笔集也是可以的。

我的夫人张颖,是位资深编辑,在篇目的取舍选择上,她出了很好的主意，在编辑校对中，在文字的电脑录入中，她都做了大量工作。我要感谢她。

谨以此书，纪念我逝去的朋友，祝福我健在的朋友。

2015 年 3 月